SHUKUTOKU

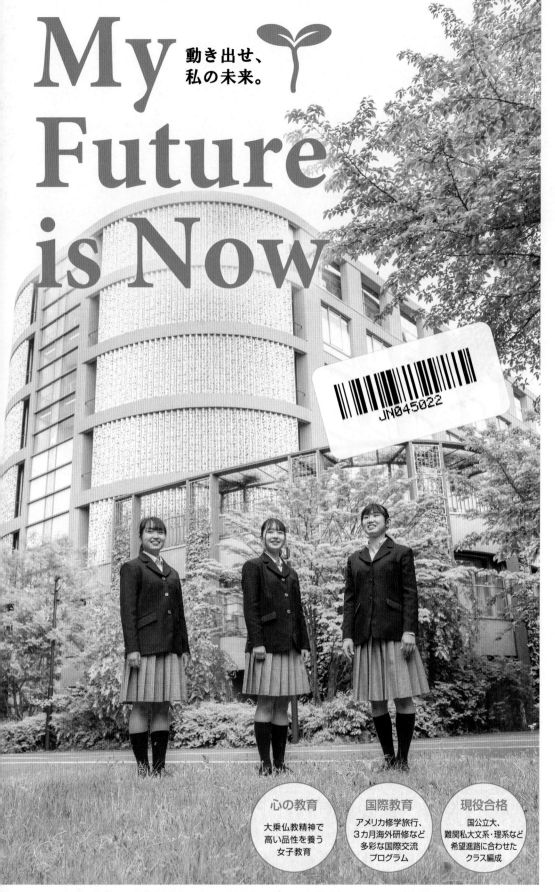

My Future is Now

動き出せ、
私の未来。

JN045022

心の教育
大乗仏教精神で
高い品性を養う
女子教育

国際教育
アメリカ修学旅行、
3カ月海外研修など
多彩な国際交流
プログラム

現役合格
国公立大、
難関私大文系・理系など
希望進路に合わせた
クラス編成

学校説明会（予約制）

6/17（土）［時間］10:00～12:00

7/15（土）［時間］10:00～12:00

入試説明会（予約制）

8/27（日）［時間］10:00～12:00

9/ 2（土）［時間］10:00～12:00

個別説明会（時間予約制）

9/17（日）［時間］9:30～13:00

10/21（土）［時間］9:30～13:00

11/18（土）［時間］9:30～13:00

12/ 2（土）［時間］9:30～13:00

2024年度 入学試験

第1回 1/23（火）　第2回 2/4（日）

※上履き（スリッパ等）をご持参ください。
※インターネットの専用サイトから
お申し込みください。

上記日程は予告なく変更する場合があります。
必ずホームページでご確認ください。

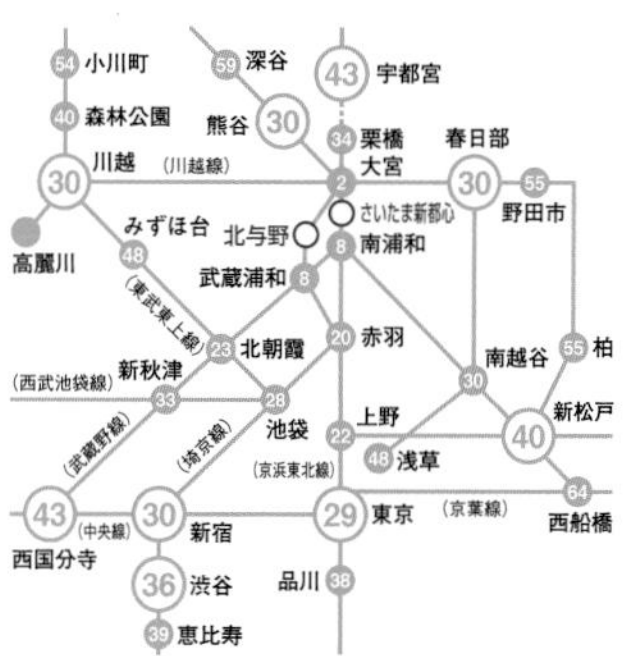

さいたま新都心駅・北与野駅から徒歩7分
大宮駅から徒歩15分

淑徳与野高等学校

〒338-0001 埼玉県さいたま市中央区上落合 5-19-18
TEL.048-840-1035 FAX.048-853-6008
www.shukutoku.yono.saitama.jp/

説明会の詳細と
ご予約はこちら

学校の詳しい情報は
こちら

動画で見る
淑徳与野はこちら

CONTENTS

Success 15 6

https://success.waseda-ac.net/

サクセス15
June 2023

埼玉県　本庄市　共学校

早稲田大学本庄高等学院

School data

所在地：埼玉県本庄市栗崎239-3
アクセス：上越・北陸新幹線「本庄早稲田駅」徒歩13分、JR高崎線「本庄駅」・JR八高線ほか「寄居駅」スクールバス
生徒数：男子524名、女子463名
TEL：0495-21-2400
URL：https://www.waseda.jp/school/honjo/

- 3学期制
- 週6日制
- 月・火・木・金6時限、水・土4時限
- 50分授業
- 1学年8クラス
- 1クラス約40名

「自由」と「多様性」を楽しみ自分を知るための挑戦を重ねる

確かな教養を養うための教科教育に加え、独自の授業を展開する早稲田大学本庄高等学院。授業外のプログラムも数多くあり、生徒は積極的に挑戦するなかで、自らの道を見つけていきます。

全国そして海外から様々な個性が集まる

1982年、早稲田大学（以下、早稲田大）の創立100周年を記念し、2番目の附属校として早稲田大学本庄高等学院（以下、早大本庄）が設立されました。キャンパスは埼玉県北部の大久保山を中心とした丘陵地帯に位置し、広大で様々な野生動物が棲息する自然豊かな環境です。またキャンパス内に100を超える古墳があり、多くの土器も発掘されている、歴史的にも興味深い土地といえます。

同学院を表すキーワードは「自由」と「多様性」。生徒を型にはめることなく、それぞれの個性や得意を活かし、様々な挑戦ができる環境を用意しています。

寮が設けられているため、関東のみならず全国から生徒が集まり、さらには海外からの帰国生も数多く学んでいます。異なる文化のなかで育った仲間の多様な価値観に触れることを楽しみ、互いを尊重する雰囲気が特徴です。

寮は、個室でプライベートが守られる一方、みんなで食事をとったり、ともに勉強したりと、同学年をはじめ上級生、下級生ともより深いきずなが生まれる場です。

半田 亨　学院長

半田亨学院長は「個性豊かな生徒が集まっているのを感じます。生徒もそれを魅力ととらえていて、多様性を受け入れ、1つの考えに固執することなく柔軟な考え方ができるように成長していますね。

また学院としてもオールジェンダー、車イス、赤ちゃんのおむつ替えに対応できる『だれでもトイレ』を各階に設置したり、提出書類の性別欄を極力なくし、生徒を呼ぶ際にも『さん』『くん』のどちらかに統一したりと、多様性を受け入れるための取り組みを多角的に行っています」と話されます。

教員の専門性が活かされる高2の「大久保山学」

日々の学びにおいて大切にしているのは、教育方針である「自ら学び、自ら問う」姿勢と幅広い教養を身につけることです。

早大本庄は、早稲田大の附属校として、基準を満たせば全員が同大学へと進学できます。また、2022年度より日本医科大学への2名の推薦枠が設けられ、医学への道も開かれました。

高2までは共通履修で学び、高3からは進学を希望する学部を見据えて、文系・理系に分かれます。知識を詰め込むのではなく、学問にしっかりと向きあい、学ぶことのおもしろさに気づけるよう、各教科で工夫が凝らされています。ここでは、なかでも特徴的な「大久保山学」（高2、総合的な探究の時間に実施）と「卒業論文」（高2～高3）を紹介しましょう。

「大久保山学」では、教員が専門性を活かしキャンパスを切り口とした「大久保山の環境と生物多様性」「大久保山での数理探究」「本庄市周辺の歴史と文学」など独自の内容を展開。半田学院長も情報科の教員として「データ分析の基本」という授業を担当されています。

「私の授業では、データ分析の方法について扱います。例えば生徒にアンケートを取り、その回答にどのような傾向がみられるのかを

稲稜ホール

授業

「大久保山学」をはじめ、豊かな自然を活用した授業も実施。まさに早大本庄だからこそ可能な学びといえるでしょう。

丘陵の高低差を測る水準測量実習

大久保山の数理科学

考えたり、複数の情報の関連性を明確にする『多変量解析』を学んだりします。『大久保山学』は、どれも大学での学びに役立つスキルを習得できる内容です」（半田学院長）

研究の方法に加え確かな文章力も養う

「卒業論文」では、研究の手法を学べることはもちろん、最終的に1400字×15枚以上の論文にまとめるため、説得力のある文章を書く力も養われていきます。

テーマは生徒自らが設定します。「カフェにおいて効果をもたらすBGM」「早期英語教育に効果的な英語絵本について」「理想的な噴霧器と流体力学」「画像からの情報漏洩防止に関する研究」などは、その一例です。

なかには上級生が取り組んでいたテーマを引き継ぎ、研究を深める生徒もいます。「河川における環境ホルモンがもたらす小型エビの性分化」は、長く研究が引き継がれているテーマです。現在は、環境ホルモンの値が高いと、メスが多く生まれるという仮説を立ててデータを集めています。仮説通りのデータが得られないことも多いといいますが、それはなにに依存しているのかを検討することで考察が深まります。試行錯誤することでよりよい研究となり、生徒もさらに成長していくのでしょう。

卒業論文作成にあたっては、早稲田大の研究室と連携することもあります。外国人の先生や日本で学ぶ外国人の大学院生から指導を受ける際は、英語でやり取りをすることもあります。

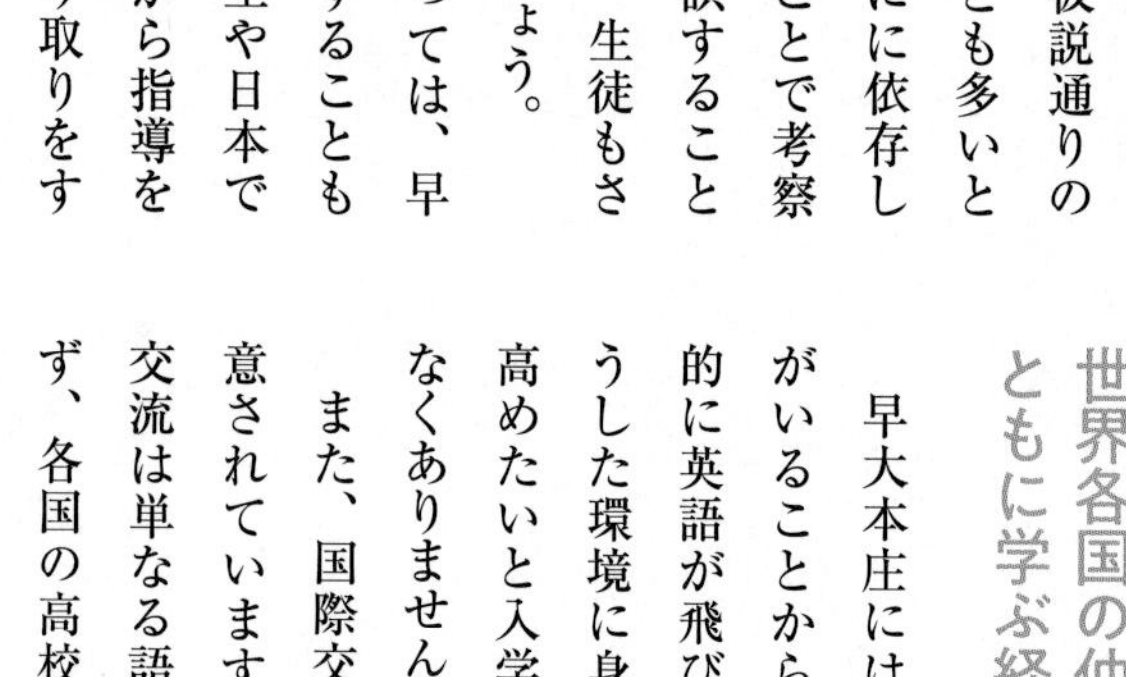

世界各国の仲間とともに学ぶ経験

早大本庄には、一定数の帰国生がいることから、クラスでも日常的に英語が飛び交っています。そうした環境に身をおき、英語力を高めたいと入学してくる生徒も少なくありません。

また、国際交流の場も豊富に用意されています。早大本庄の国際交流は単なる語学研修にとどまらず、各国の高校生との共同研究の実施、もしくは高校生対象の国際

古墳 土器

キャンパス内に円墳や前方後円墳が点在しています。発見された土器は、校内に展示され、生徒も自由に見ることが可能です。

校舎

卒業生が後輩のために設計した校舎や体育館などの恵まれた環境のなかで学校生活を送ることができます。

交流ラウンジ

交流ラウンジ・掲示板

図書室

食堂

体育館

体育館・ランニングコース

シンポジウムへの参加がおもな目的です。

これまでにもインド、インドネシア、オーストラリア、韓国、シンガポール、タイ、フィリピンなど、多くの国の高校生と共同研究を実施してきました。

「月に1回ほどの頻度でオンラインミーティングを行い、研究の方法を相談したり、成果を発表しあったりしていました。研究方針の相違や所有している実験器具の違いなど、色々な難しさがあるのですが、その困難を乗り越えていくことも、生徒にとってはいい経験になるでしょう。

フィリピンの学校と水質に関する共同研究を実施した際は、こちらから試薬を送って同じ調査をしようとしたのですが、2カ月経っても届かず……結局、共同研究終了後に到着しました（笑）。うまくいかないことがあっても、そこで諦めずに代替手段を考える、それも海外との共同研究のおもしろさといえます」（半田学院長）

生徒の意識が変わる シンポジウムへの参加

海外を訪れるプログラムも徐々に再開しており、今年2月には3人×2チームの計6人が、タイで開かれた国際シンポジウムに参加しました。16カ国49校、200人を超える高校生が集まったそうです。そのなかで、微生物燃料電池の研究を行った早大本庄生のチームは、最も野心的な研究として表彰されました。

「現地では、研究成果の発表に加え、他国の生徒といっしょにワークショップに取り組みました。彼らから刺激を受け、生徒の意識も変わったようです」と語る半田学院長。

そして実際に参加した生徒も次のような感想を残しています。

「タイの高校生は、母国語のタイ語に加えて、さらに2カ国語を話せる人も少なくありませんでした。これからの社会ではバイリンガルでは不十分なのかもしれません。高3でスペイン語の授業を受けるので、頑張って習得しようと思います」

「参加国のなかには、国と国との関係がうまくいっていないところもあります。でも高校生同士であれば、国籍に関係なく友人になれると実感し、偏見を持つことなく友情を築く、それが重要なのだと学びました」

3月にはニュージーランドへの短期留学が開始され、5月にはシンガポールで開催される国際高校生科学チャレンジに参加することも決まっています。また長期留学を支援する体制も整っており、2022年度はアメリカ、シンガポール、フランスの3カ国で早大本庄生が学びました。

自らの可能性を広げ 進むべき道を見つける

国際交流以外にも、早大本庄には、数々の多彩なプログラムがあります。企業と連携したワークショップ、キャンパス内にあるミュージアムでの学芸員見習い、本庄市に観光客を誘致する取り組み、早大本庄生が講師となって小学生に授業を行うものなど盛りだくさんです。

「本学院は首都圏にあるとはいえ都心ではないので、片道2時間かけて通ってくる生徒もいます。『そ

多彩なプログラム

希望者が自由に参加できる授業外のプログラムが豊富に用意されています。海外研修や研究活動のほか、ラジオのパーソナリティーという貴重な経験ができるプログラムもあります。

"届けよう、服のチカラ"プロジェクト

タイ研修

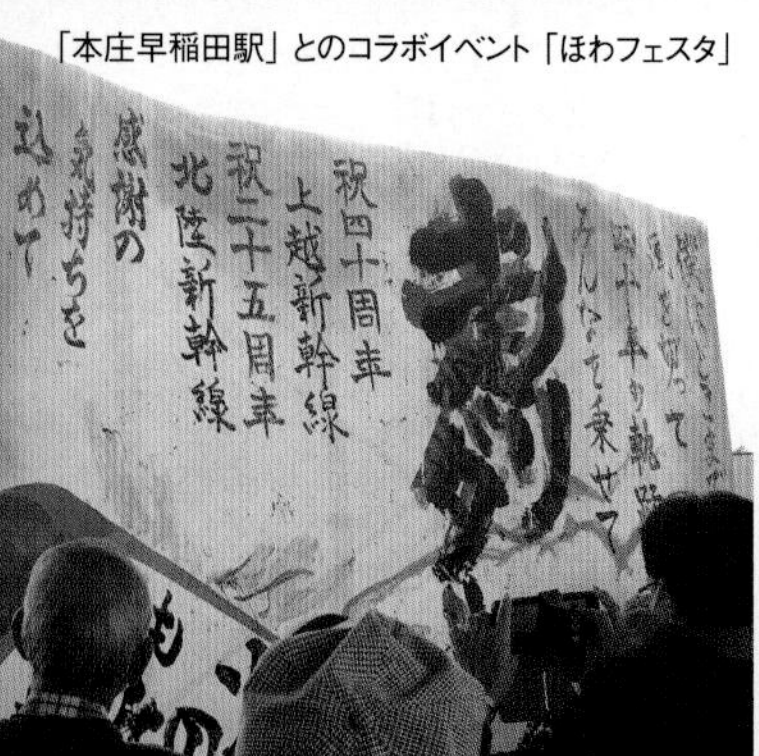

「本庄早稲田駅」とのコラボイベント「ほわフェスタ」

ニュージーランドBis Venture

河川研究

早大本庄生が講師となる「小学校プログラム」

高大連携アントレプレナーシッププログラム

ほんじょうFM

一部の生徒が活躍するのではなく、１人ひとりが得意を活かして団結し、１つの行事を作り上げます。ここにもそれぞれの個性を尊重する校風が反映されています。

稲稜祭（文化祭）

体育祭

ラグビー部

バスケットボール部

茶道部

書道部

部活動

部活動も盛んな早大本庄。兼部も多くみられ、４つかけ持ちしている生徒も。好きなことに思う存分取り組む日々は、忙しくも充実したものだといいます。

れだけの時間をかけて通う価値がある』と感じてくれるように様々なプログラムを用意したいと思っています。今後も、新たな留学プログラムの構築や地域貢献活動、企業と連携した取り組みの充実を図っていきます」と半田学院長。

一方生徒も「少しでも興味があるならば、チャレンジした方がいい」「せっかく入学したからには、この学校だからこその3年間を送りたい」と、多くのことに取り組んでいます。

多彩なプログラムを経験して自らの可能性を見出し、学部説明会やキャリアデザイン講座などを通じて、生徒は進むべき道を模索していきます。

トライする気持ちを持って充実した日々を過ごす

多様性を受け入れる雰囲気があり、だれもがありのままの自分でいられる早大本庄。自由な校風のなか多くの個性と出会い、刺激を受けながら自らの個性を磨いていくことができます。

「挑戦を重ねることで、自分がおもしろいと感じることはなにか、どのようなことが得意なのか、わかるようになるでしょう。また、国際交流をはじめとした非日常空間に身をおくと、新たな自分にも出会えるはずです。

人生とは『自分を知る過程』といえるのではないでしょうか。自分を知り、可能性を広げていく場、それが早大本庄です。大切なのは与えられるのを待つのではなく、トライする気持ちです。その思いがあれば、きっと本校で充実した日々を過ごせると思います」（半田学院長）

■2023年３月卒業生　進学状況

早稲田大学	
学部	進学者数
政治経済学部	73
法学部	35
文化構想学部	21
文学部	16
教育学部	14
商学部	32
基幹理工学部	38
創造理工学部	28
先進理工学部	13
社会科学部	20
国際教養学部	13
その他	
大学名	進学者数
日本医科大学	1

写真提供：早稲田大学本庄高等学院

宮大工の技術が光る

日本の伝統「社寺建築」とは？

みなさんは神社やお寺にはよく行きますか？　落ち着いた雰囲気のなかで手を合わせると、自然と心が安らぎますよね。今回は、社寺の建築・修復を担う宮大工の仕事に注目。長きにわたって社寺建築にかかわってきた株式会社金剛組にお話を伺い、社寺がどのようにして建てられ、いかに現代までその姿を残してきたのか、知られざる秘密に迫ります。

画像提供：株式会社金剛組、和宗総本山 四天王寺

無形文化遺産に登録された日本古来の伝統技術

「社寺建築」とは、神社やお寺などの建築物をさす言葉です。ここではまず、社寺建築について詳しく学ぶ前に、知っておきたいことを簡単にご紹介していきます。

社寺建築の特徴は、なんといってもその繊細なデザインと、古来より変わらず受け継がれてきた伝統的な工法です。社寺建築では、屋根や軒先など多くの部分で曲線が使用されており、また工法の面では、釘や金物に頼らない、木を組みあわせてつないでいく「木組み」という技術が用いられています。職人が1つずつ手作業で加工した部材を組みあわせていくことで、丈夫で長持ちする木造建築物になるのです。なかでも人気の観光スポットである法隆寺（奈良県）は、なんと建築から1400年以上もの時間が経っています。「世界で最も古い木造建築物」として、奈良時代の姿を現代に残しているのです。

四天王寺金堂

株式会社金剛組
会長
刀根健一（とねけんいち）さん

株式会社木内組
代表取締役／棟梁
木内繁男（きうちしげお）さん

では、なぜ神社やお寺はこれほど長い期間、倒壊することなく同じ姿形を保つことができているのでしょうか。それは、社寺建築を建築・修復する伝統技術を持った職人の存在があるからです。

日本では、社寺建築にまつわる様々な分野の職人たちが、長いときを経てその技術を継承してきました。その結果、２０２０年には、日本の伝統的な社寺建築の保存、修理、装飾に関する技術の17分野が「伝統建築工匠の技：木造建築物を受け継ぐための伝統技術」としてユネスコの無形文化遺産に登録されました。これは、能楽や和食に次ぐ国内22件目の登録です。

17分野は、「建造物木工」「茅葺」「建具製作」「建造物彩色」「建造物漆塗」など、建築物を作る木工、壁を塗る左官、瓦屋根や建具の製作、建物の装飾や彩色など、多岐にわたっています。

建築物そのものが信仰の対象になる

「社寺建築では、そこに安置されている神様・仏様だけではなく、建物自体が信仰の対象になるんです」と話すのは、５７８年創業、飛鳥時代から社寺の建築・修復を行う金剛組（大阪府）で、宮大工を務めている木内繁男棟梁です。

「神社やお寺に行くと、屋根の形や飾りなど、どこを見ても思わず手を合わせたくなりますよね。建物そのものも、そこを訪れる人々にとって神聖なものになるんです。ですから、１つひとつ手間暇をかけて、建物自体に魂を込めるような気持ちで作業に臨んでいます」（木内棟梁）

必要になる材木を調達したり、建築費用の寄付を集めたりする期間も含めると、１つを建てるのに約10年の時間がかかることもあるそう。金剛組の刀根健一会長は、「一般住宅に比べると、時間も費用もかなりかかります。※檀家のみなさんが寄付してくださったお金で作るわけですから、50年、１００年でつぶれてしまうようなものを作るなんてことはできません。昔からの工法を守って、きっちり仕事をするのが金剛組のやり方です」と話されます。

では具体的には、社寺はどのような工程を経て建築されるのでしょうか。次ページからは、宮大工の仕事や建築に使う道具、材料、建築工程について詳しくご紹介していきます。

※そのお寺に属している家のこと

社寺建築に必要な人・モノ

社寺建築を作るために欠かせない職人、宮大工。彼らはどのような思いを持って仕事にあたっているのでしょう。また、どんな材料や道具を使って社寺を作っているのかをお伝えします。

墨壺

宮大工ってどんな人？

宮大工は、社寺建築のための高い技術を持つ専門家です。例えば金剛組には、計100人ほどの宮大工がいます。金剛組専属宮大工の集団である「匠会」は、独立した7つの「組」で構成されており、各組のトップである棟梁のもと、日々社寺の建築・修復作業にあたって必要な技術を磨いています。

木内棟梁は宮大工を務めて52年。これまで様々な社寺の建築・修復にかかわってこられました。そこで、仕事にかける思いを伺うと、次のような言葉が返ってきます。

「各現場の『基礎工事が終わり、明日から柱を立てる』という、建築物がまだ作られていない景色がいつも心に残ります。完成後には決して見ることができない貴重なものだからです。その景色を眺めていると、何百年と残るものを作り上げられるかどうか、それは自分の腕次第だと気持ちが昂ぶります」（木内棟梁）

機械まかせではなく、棟梁をはじめとした各宮大工が高い目標のもとに、持てる技術をつぎ込むからこそ、後世に残る建築物が完成することがわかります。

宮大工が持つ技術を守っていくためには、次世代の技術者育成も欠かせません。金剛組は2021年に、宮大工の育成塾を開塾しました。木内棟梁をはじめとした各棟梁のもとで、技術の新たな担い手が育っています。

道具　カンナだけでも30種類以上 用途に応じて道具を手作り

現場では材木を切り出すノコギリ、曲面や平面を大きく削るチョウナ、細かな箇所を穿つノミ、表面を磨き仕上げるカンナなどが使われています。

カンナ1つを例に取っても、箱のような形をした台ガンナ、長い柄の先に刃がついた槍ガンナなどの種類があり、台ガンナにはさらに丸柱を削る丸カンナ、仕上げカンナがあるなど、用途によって道具は様々です。質の高い仕事を施すために、既製品を使うだけでなく、その現場1度限りしか使わないようなものを手作りすることもあるといいます。

材料　調達後の保管も 大事な工程の1つ

建築・修復ともに、材料はおもにヒノキを使います。木材は水分量が変化するため、乾燥が進むにつれて表面積が小さくなり、そのまま置いておくとあちこちに亀裂が入ってしまうことがあります。

それを防ぐために行われているのが「背割れ」という手法です。写真のように1面にだけ切り込みを入れ、そこに縮まろうとする力を集めることで、余計なヒビが入るのを防ぎます。背割れを入れてきちんと乾燥させたものほど木の目が詰まるため、耐久性に優れた部材となります。

どう作るの？

お客さんの要望に沿った建物を作るためには、専門の知識や技術が必要不可欠です。ここからは実際に、神社やお寺がどのような工程で作られていくのかをみていきましょう。

設計　宗派や時代によって建物の造りも様々 依頼元に合わせた設計を考える

神社やお寺から施工（せこう）依頼を受けたら、まずは必要な設計図を作成していきます。社寺建築で気をつけなくてはいけないのは、依頼元の宗派に応じた設計をすることです。

日本の伝統的な仏教建築は、大きく５様式に分けられます。法隆寺に代表される「飛鳥様」、６世紀ごろに大陸から伝来して日本で発達した「和様」、東大寺南大門に代表される大建築に適した「大仏様（天竺様）」、鎌倉時代に禅宗とともに伝わった「禅宗様（唐様）」、和洋・大仏様・禅宗様を混合した「折衷様」の５つです。また神社にも「神明造り」「大社造り」「権現造り」という種類があり、それぞれが異なった特徴を持っています。

設計では１つの建造物に対して、建物内部の水平断面を描く「平面図」、外観の各面を描く「立面図」など様々な図面が紙に起こされます。しかしここには屋根の反り上がりの角度といった、宮大工が必要とする情報が不足していることもあります。それを補うために作られるのが「現寸図」です。

現寸　現場作業で必要になる寸法や情報を 細かく描き込んでいく

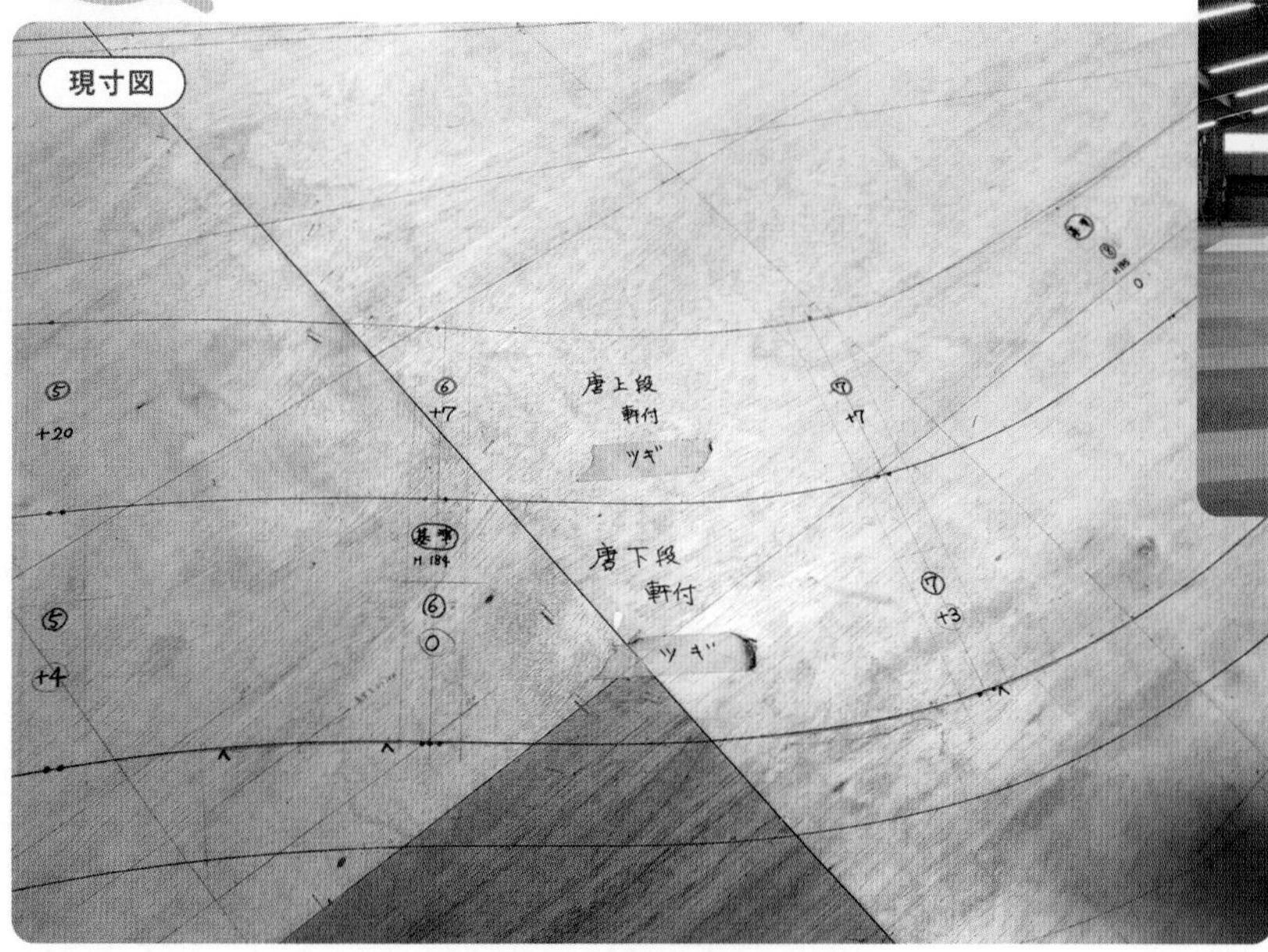

現寸場

現寸図には木の継ぎ方や組み方を描いたり、部材を複数の角度から見た図を記載したりもします

現寸図は、宮大工が自らの手で描く１分の１サイズの設計図です。金剛組では加工センターの２階にある広々としたスペースで作業を行っています。設計図といっても、現寸図は紙に対して描くのではありません。床一面に貼ったベニヤ板の上に、墨を使って作成していきます。

必要となる寸法は「規矩術（きくじゅつ）」という、木造建築に携わる大工特有の算術を使って計算します。「規」はコンパス（ぶんまわし）を、「矩」はサシガネをさします。木内棟梁は「『ここの寸法が５尺だったら、向こうは７尺』と、昔からのやり方でやればある程度の長さは決まります。パソコンの作図ソフトは便利ですが、尺貫法※ではなくメートル法で表記されており値（あたい）が細かいので、かえってややこしくなることもあります。昔からのやり方のほうがいい場合もあるんです」と話されます。

ここで描いた現寸図をもとに型板を作り、それを材木に当てて削っていくことで手作りの部材を仕上げていきます。

※長さの単位に「尺」、質量の単位に「貫」、体積の単位に「升（しょう）」を使う、日本古来の測り方

丁寧に１つひとつ手作業で削り出す だからこそ精密で美しい加工となる

加工は、現寸図に基づいて行われます。施工するものの様式や大きさによって異なりますが、五重塔を作る際は、軒を支える「斗組（ますぐみ）」だけで4000個ほどの部材が必要になることも。それらも１つひとつ宮大工が加工していきます。

読者のなかには「機械で加工したら、速いんじゃない？」と思う方もいるでしょう。しかし、同じ形、同じ寸法の部材を大量生産して組みあわせるだけでは、社寺建築の大きな特徴である曲線を作り出すことはできません。

屋根を支える「垂木（たるき）」を例にみてみると、中央に配置されるものは断面が正方形ですが、端に行けば行くほどひし形になっていきます。これは屋根の反りの微妙な角度に合わせてそれぞれが作られているからです。

手作業と機械では、表面の仕上がりも異なるといいます。「社寺建築の柱や梁（はり）は、建物を支える『構造材』であると同時に、人の目に触れる『化粧材』でもあります。ですからその美しさや手触りも重要となるわけです。機械で加工した表面を顕微鏡で見ると、木肌が毛羽立っています。一方、宮大工がカンナで削った表面はツルツルとしていてツヤがあることから、水を弾き雨にあたっても汚れにくいという利点があります。宮大工たちがめざしているのは、ハエが滑るぐらいの究極のなめらかさです」と刀根会長。

すでにお伝えした通り、社寺建築は基本的に木組みという技術で部材同士を釘や金物に頼ることなく組みあわせていきます。そのため、それぞれの部材が寸分の狂いなく作られていることが大前提です。

社寺の各部材はとても大きく、柱１本をとってみても何mものサイズになります。そのため、１つの木材から削り出すには難しいことが多く、いくつかの部材を継いでいくのです。また柱と梁には、柱に梁が通る穴を開け、簡単には抜けないようにしっかりとかみあわせるための加工を施します。部材の組みあわせ方は何百通りもあり、「継手仕口」と総称されます。

金剛組では、宮大工の組ごとに加工場が用意されており、そこで各宮大工が作業を進めます

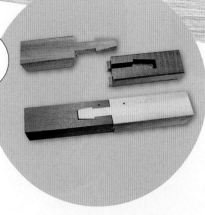

左右に引っ張られる力に
強く土台などに使われる
「腰掛鎌継ぎ」

継手仕口　釘や金物に頼らない社寺建築ならではの技法

部材をつなぐための継手仕口は、一見しただけでは、どのような構造になっているのかわかりません。化粧材としての美しさを保つため、通常は参拝者の目に触れにくい箇所に作られるといいます。どの方向から荷重がかかるのかを考え、各部位に適した継手仕口を宮大工が選び、ときには独自に組み方を編み出し、加工を施します。

3つのパーツに分かれる「車知継ぎ」は、丸太と丸太との交差部に使用されます

組み立て　いくつもの部材を組みあわせ建築物の骨組みを完成させる

一般的な社寺であれば、棟梁のもと4～5人の宮大工がチームとなって加工から組み立てまでを行います。屋根など、より大きな部材を組み立てる際は多いときには20人もの人が集まり、複数台のクレーンを使いながら進めていくといいます。工事現場には大きな音が響き渡るイメージがありますが、社寺建築の場合は、できあがった部材同士を組む作業がメインとなるため、意外なほど静かなのだそう。

「確実な計算のもとに精密な加工を行っているという自信があっても、組み立ての際はドキドキしますね。成功して当たり前、失敗したら大変なことになります（笑）」（木内棟梁）

部材同士がぴたりとはまるからこそ、たとえ地震が起きたとしても互いに支えあって耐えることができるのです。また、解体してほかの場所で再度組み直す「移築」も可能です。

軒回りの組み立て

骨組み完成時に
行われる「上棟式」

防水を目的とした
「土居葺」を設置

屋根の下地材
「野地板」の張りつけ

四天王寺五重塔
(1940年〜1945年)

四天王寺番匠堂

社寺建築＆宮大工の豆知識

Q宮大工の組み立て作業が完了したあとは、どんな作業をするのですか？

刀根会長「屋根に瓦を葺(ふ)いたり、壁に漆喰(しっくい)を塗ったり、金細工を施したりします。各作業は、宮大工ではなく、それぞれの職人が担います」

Q修復ならではの作業はありますか？

刀根会長「まず調査から始めます。屋根裏から床下まで点検し、全面的な部材の取り替えが必要なのか、部分的な修復で済むのかを調べます。国宝や重要文化財は、必ず建築当時の部材を一部でも残しておくことが取り決められています。柱を丸ごと取り替えた方が安価で簡単だとしても、部分的な修復で対応していきます」

Q宮大工にとって重要なスキルとはなんですか？

木内棟梁「一番重要なのは、宮大工の仕事が好きかどうか、その気持ちだと思います。もちろん高い技術を求められますが、それらは時間をかけて身につけていくものです。現寸図であれば宮大工の見習いになって30年ほど経ち、やっと描けるようになるほど難しいものです。好きでなければ続けられません。

若い宮大工のなかには、解体作業の際に見つかった部材に書かれた古い記述を、独自に解読しようとしている者がいるなど、自らの得意を活かしつつ研鑽(けんさん)を積んでいます」

おわりに

普段、何気なく目にしている社寺。そこには宮大工をはじめとした職人の情熱が込められています。その情熱に思いをめぐらせて、柱1本、斗組1つひとつに注目すると、これまで気づかなかった社寺の新たな表情が見えてくるかもしれません。

「社寺を訪れる際は、様式や建築された時代背景などを事前に勉強しておくと、より楽しめるでしょう。柱に注目するのもおすすめです。上から下まで同じ太さなのか、真ん中が太くなっているのかなど様式によって違いがあるんですよ。

また宮大工の世界も奥深いものです。私はいま『研ぎ』の研究を進めています。カンナの刃を極限まで研いだら、どれほどの薄さで木材を削ることができるのか……。現在カンナくずを計ると3μm※ほどまで薄くできているのですが、極限は1μmなのではないかと予想しています。みなさんが宮大工にも興味を持ってくれたら嬉しいですね」(木内棟梁)

※マイクロメートル、1000分の1mm

「日本人はもちろん、外国の方も社寺を訪れています。では、なぜそんなにも多くの人が見にくるのだと思いますか。きっと言葉では表せない魅力があるからでしょう。みなさんにもぜひ、人々を魅了し無形文化遺産にも登録されている技術が詰まった社寺建築に、目を向けてほしいと思います。

私たち金剛組は、これからも世界に誇る日本の技術を守り、完成当時の美しさだけを求めるのではなく、何百年先の社会においても評価されるものを作っていきます」(刀根会長)

私立高校 WATCHING

東京　三鷹市　共学校

法政大学高等学校

将来につながる学びを活かし「なりたい自分」に成長する

法政大学高等学校は社会の課題を見つめ、時代の変化に即した教育を行う学校です。知識と教養を深める多彩な授業を展開し、生徒１人ひとりの可能性を広げています。

松浦 麻紀子　校長先生

所在地：東京都三鷹市牟礼4-3-1　アクセス：京王井の頭線「井の頭公園駅」徒歩12分、JR中央線「吉祥寺駅」徒歩20分　生徒数：男子307名、女子393名　TEL：0422-79-6230
URL：https://www.hosei.ed.jp/

⇒３学期制　⇒週６日制　⇒月～金６時限、土曜４時限　⇒50分授業　⇒1学年6クラス　⇒1クラス約40名

個性や多様性を理解し 他者を尊重できる人物を育成

法政大学高等学校（以下、法政大高）は旧制の法政中学校として、1936年に東京都・市ヶ谷に開校したのが始まりです。1948年に新学制により法政大学第一中・高等学校となり、2007年の三鷹市への校地移転と共学化を機に、学校名を現在のものに変更しました。

教育活動では、母体である法政大学（以下、法政大）の「自由と進歩」、そして法政大学第一中・高等学校から続く「自主・自律」の精神を受け継ぎ、世界と日本の未来を創造する人間を育てることをめざしています。

近年は「法政大学憲章」にある「自由を生き抜く実践知」と、「法政大学ダイバーシティ宣言」を意識した、新たな取り組みも行われています。その象徴となるのが「三者協議会」です。

ここでは生徒、教員、保護者がそれぞれ対等な立場で、対話によってお互いの理解を深めながら、校則や学校生活について話しあいます。昨年度は、携帯電話のルール改正や、SNSの取り扱いが議題となりました。

松浦麻紀子校長先生は、三者協議会の場で生徒から「そもそも校則とはなんなのか」という問いかけがなされたことに、深い感動を覚えたと振り返られます。

「議論が発展して、『いまが幸せであるためには、どんなルールが必要なのか』についても話がおよんだのです。『ルールとは守るべきもの』という教えを根本から見直し、規則とはだれのためにどうしてあるのかを考えられたことが非常にすばらしいと感じています」（松浦校長先生）

様々な意見を交わしあう「三者協議会」の様子

ダイバーシティの推進においても、ユネスコなどが作成した「国際セクシュアリティ教育ガイダンス」をふまえたジェンダー教育が展開されています。世界の変化を的確にとらえた先進的な学びを経験し、社会のありようを深く理解していくことで、よりよい未来を築き上げる力を涵養します。

多角的な視点を養う 独自性豊かなカリキュラム

法政大高では、法政大学中学校からの内進生と、受験を経て入学した高入生が高1から混合クラスになります。カリキュラムの大きな特徴は、卒業まで文理分けを行わないことです。松浦校長先生は数学を例にあげながら、「社会に出てから数学的思考を求められる瞬間は、じつはたくさんあります。数学をはじめとする様々な科目を、3年間必修授業として体系的に勉強できるからこそ、実用的な力を養えるのだと考えています」と説明されます。分野を問わず多様な学問に触れることで、大学生や社会人に求められる幅広い視野と豊かな教養を身につけていきます。

こうした分野を問わない学びをあと押しするのが、高2・高3の「必修選択授業」です。生徒は曜日ごとに設けられた様々な授業のなかから、自身の興味関心があるものを選んで勉強できます。例えば昨年度の高3では、「評論を読む」「文化研究ゼミ（総合ゼミ）」「国際社会研究」「P検準2級講座」※など、バラエティーに富んだ64の授業が実施されました。

ここで総合ゼミの授業を選択した生徒は、後述する「3学期プログラム」で卒業論文に取り組むことが必須となります。文献調査の方法やプレゼンテーションについても学ぶため、大学での研究に必要なスキルの基礎作りを行えます。

※ICTプロフィシエンシー検定協会が主催する、パソコンをはじめとする総合的なICTの活用能力を問う検定試験

このほか、各学期末の「特別講座」でも、教員の専門や得意なことを活かした講座が開かれています。松浦校長先生は「本校では、毎年8割以上の生徒が推薦で法政大に進学します。受験がない付属校だからこそ、多様な学びの機会を活かして、いち早く将来の目標や『なりたい自分』を見つけてほしいです」と話されます。

これらの学習の集大成として、高3の3学期に取り組むのが「3学期プログラム」です。全員が1万字以上の卒業論文か、2000字以上の卒業レポートのいずれかを選んで執筆しつつ（総合ゼミ選択者は卒業論文）、指定単位数以上の「特別講座」を受講します。ここでは必修選択授業を上回る160以上の講座が実施されます。

「昨年度はジェンダー教育の一環として、教科の枠を越えて月経や『生理の貧困』について理解を深めるワークショップも行いました。生徒たちそれぞれが、自分がいかに月経にまつわる問題を知らないかに気づき、意識を変えていかなくてはいけないととらえてくれたのが嬉しかったですね。ここで得た気づきを忘れず、卒業後も社会に還元していってほしいです」（松浦校長先生）

生徒自治によって作られる充実した学校生活

法政大高生の「自主・自律」の精神は、行事や生徒会活動にも発揮されます。6月のスポーツ大会、8月の鈴掛祭（文化祭）、1月の修学旅行などは、すべて実行委員会が中心となって運営します。

委員会は毎年新たに編成し直されており、ノウハウを受け継ぎながらも年ごとに異なった挑戦がなされます。行事の前に集会は必要か、鈴掛祭のテーマはなににするのか、スポーツ大会に新しい競技を加えるかなど、事前準備も含めた細かなことまで、生徒が自ら決定していくのです。

「広報委員会が主体となって毎年発行する『オレンジデイズ』という生徒会誌を読むたびに、生徒の書く力・アピールする力の高さに驚きます。行事も生徒会活動も、それぞれの力を活かして盛り上げてくれるだろうと感じられ、とても頼もしいです」（松浦校長先生）

様々な案を出しあい、よりよいものを生み出そうと努力できるのも、生徒自治の文化が根づいているからこそ。ときに教員のアドバイスを受けながら、生徒1人ひとりが当事者意識を持って活動に励

学校施設

校舎は中学棟と高校棟に分かれており、人工芝グラウンドやテニスコートなど、運動施設も充実。屋上庭園や中庭などの自然を感じられる環境も魅力です。

1.カウンセリングルーム　2.学年集会や行事などを行うオレンジホール　3.屋外25mプール　4.図書館　5.茶道部も使用する和室

んでいます。

先輩に学ぶキャリア教育で大学進学後の夢を膨らませる

すでにご紹介したように、例年多くの生徒が法政大に進学している法政大高。内部進学の場合、推薦資格は3年間の総合成績、英語資格試験の取得実績、法政大がすべての付属校に実施する基礎的思考力確認テストで判断されます。

将来の道筋をより具体的にイメージできるよう、高2の12月に開かれるのが「OB・OG講演会」です。学部・学科の違いはもちろん、在学中に留学した人、他大学受験をした人など、様々な経験を持つ卒業生を30～40人ほど迎えて、大学の勉強やキャンパスライフについて話を聞きます。

「進路選択では、どの道に進むか悩むこともあると思います。『迷うのなら、好きなことをやりなさい』と声をかける教員がおり、私もそれが大切だと感じます。好きなことなら生涯学び続けていけるでしょうし、突き詰めれば自然と、あらゆる場所で通用する力も培われます」と松浦校長先生。自主性を養いながら、それぞれの興味関心を伸ばしていける学習環境が広がっているからこそ、法政大高生は多くのスキルを身につけ、卒業後も多様な世界に向かって力強く羽ばたいていけるのです。

終わりに松浦校長先生は「持続可能性のある豊かな学びを作るには、みんなにゆとりが必要です。思春期には色々悩むことがあると思いますから、生徒にはよく、保護者以外にも2人以上の相談できる大人を見つけてくださいと伝えています。大人は毎日忙しいと思いますが、どうか、その声と向きあう余裕を持っていてほしいです。

加えて生徒に大切にしてほしいのは、『ワクワクドキドキ』です（笑）。恋人に会いに行くのと同じような気持ちで、毎日楽しく登校できることが一番です。法政大高は、そんな魅力のある学校でありたいと思っています」と、笑顔でメッセージをくださいました。

部活動・学校行事

好きなことに思いきり打ち込み、仲間と協働しながら成長していく法政大高生。学校生活の様々な瞬間で、自主・自律の精神が育まれます。

6.チアリーディング部　7.スポーツ大会　8.華道部　9.鈴掛祭

写真提供：法政大学高等学校　※写真は過年度のものを含みます。

■2023年3月卒業生　法政大学進学状況

学部	進学者数	学部	進学者数
法学部	29	社会学部	27
経済学部	30	国際文化学部	9
経営学部	28	人間環境学部	12
理工学部	6	グローバル教養学部	1
情報科学部	7	現代福祉学部	4
生命科学部	3	キャリアデザイン学部	9
デザイン工学部	12		
文学部	22	スポーツ健康学部	4

東京都立

小山台高等学校（共学校）

学校全体で一致団結して それぞれの夢をかなえていく

東急目黒線「武蔵小山駅」から徒歩1分の好立地に校舎をかまえる東京都立小山台高等学校。17時完全下校という限られた時間のなかで、生徒は勉強・班活動・行事そして大学受験、すべてにおける目標をかなえるため、努力を続けています。

「敬愛・自主・力行」で目標の達成をめざす

今年度で創立100周年を迎えた東京都立小山台高等学校（以下、小山台）。校訓に「敬愛・自主・力行」を掲げ、生徒それぞれの個性の伸長と素養の育成を目標に全人教育を行っている学校です。敬愛は「学ぶ者として真摯で謙虚な態度と他者を思いやる心を持つこと」、自主は「自ら考え、積極的に行動すること」、力行は「目標に向かって、志高く努力し続けること」を意味します。「勉強・班活動※・行事のどれを取っても、充実した結果を残すには、この3要素が非常に重要です」と話すのは、井上隆校長先生です。

「目標を達成するためには、自主的に行動を起こす必要がありますよね（自主）。そのうえで、互いをリスペクトしあいながら（敬愛）、努力し続けていかなければなりません（力行）。これが本校のめざす『敬愛・自主・力行』です。生徒はこの3つを身につけながら、学校生活を大いに満喫しています」（井上校長先生）

勉強も班活動も団体戦 互いに声をかけて助けあう

教科教育においては「すべての学問は通じている」というキャッチフレーズのもと、幅広い教科を学ぶ「小山台教養主義」を掲げています。高1・高2では、芸術の2単位以外は全員が同じ科目を履修。2年間かけて基礎学力と幅広い教養を身につけ、高3からは文理に分かれて授業を行います。

「大人になってからも、『これっ

※小山台では、伝統的に部活動のことを班活動と呼びます

所在地：東京都品川区小山3-3-32
アクセス：東急目黒線「武蔵小山駅」徒歩1分
生徒数：男子485名、女子462名
TEL：03-3714-8155
URL：https://www.metro.ed.jp/koyamadai-h/

⇒ 3学期制
⇒ 週5日制（土曜授業年間20回）
⇒ 月・火・水・金6時限、木7時限
⇒ 50分授業
⇒ 1学年8クラス
⇒ 1クラス約40名

て学校で勉強したことと通じるな』と気づくことがありますよね。文理や進路に関係なく、すべての学問が生活の役に立つはずなんです。生徒には各教科の知識がつながる感覚を味わいながら、『すべての学問が大切なんだ』という意識を養ってほしいです」（井上校長先生）

班活動も盛んな小山台。「定時制併置校なので、17時に完全下校しなければなりません。限られた時間での活動となりますが、みんな熱心に取り組み、結果を残しています」と井上校長先生は話します。

生徒が無理なく勉強と班活動を両立できるよう、小山台では豊富な補習・補講のほか、学校から徒歩数分の場所にある「小山台会館」に、17時以降にも利用できる自習室を用意しています。

「班活動で切磋琢磨しながら技術を磨いたあとは、友人と誘いあって小山台会館で勉強する、という生徒も多く見られます。小山台では高1から『受験は団体戦だ』と伝えています。生徒同士、授業中に眠たそうな友人がいたら声をかけたり、わからない部分を教えあったり、班活動での助けあいの雰囲気がそのまま勉強へとつながっているんです」（井上校長先生）

井上（いのうえ） 隆（たかし） 校長先生

代々受け継いでいく伝統の運動会

勉強も班活動も全力で取り組む小山台生。もちろん、行事も例外ではありません。なかでも盛り上がるのが、地域の名物行事でもある運動会（9月）です。一番の見どころは応援団による応援合戦だと井上校長先生は話されます。団長を中心に、高3の団員が協力して応援歌の指導をしたり、全員分のはちまきを手作りしたりして、息の合った応援を作り上げます。

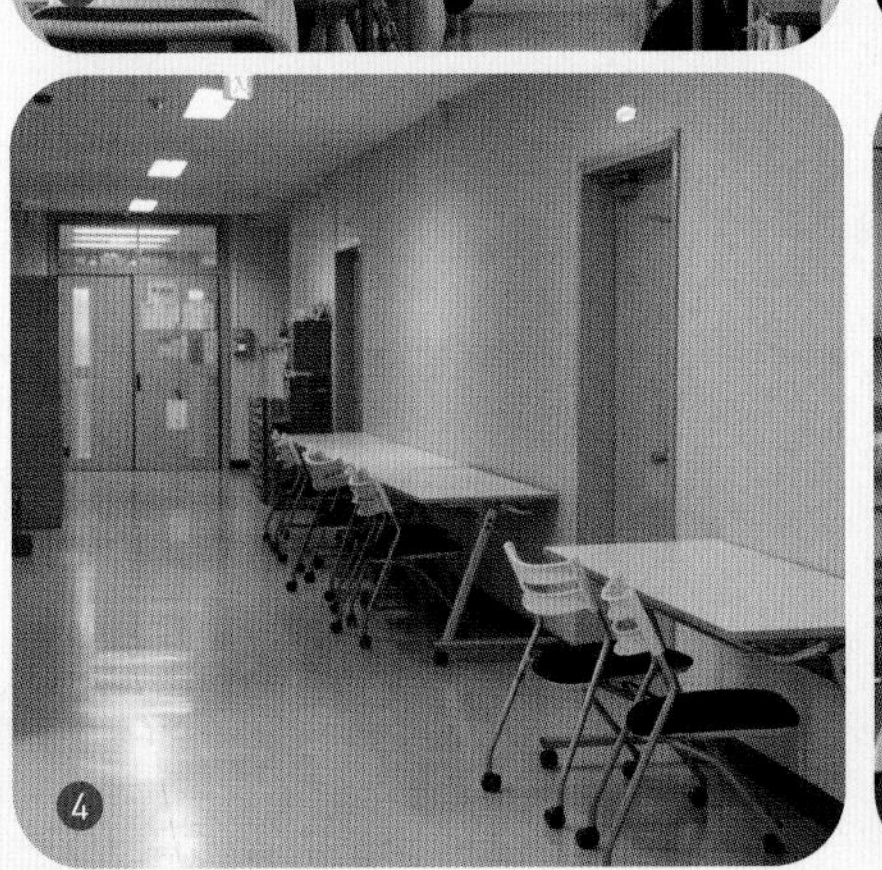

［学校生活］①②座学と実習を織り交ぜた通常授業のほか、探究型学習プログラム「MIRAI」を実施。③優秀な研究を行った生徒は外部講師の前で発表をします。④職員室前の廊下や⑤図書館に自習スペースが設けられており、また高2の冬休みには受験に向けた⑥勉強合宿も行っています。

［班活動］ ①人工芝のグラウンドや②体育館では、毎日活発に班活動（③硬式野球班、④女子バスケットボール班）が行われています。そのほかにも、生徒が発表等で使える⑤生徒ホールや⑥実験器具を豊富に取りそろえた理科室などがあり、運動系、文化系問わずのびのびと活動しています。

「団ごとに受け継がれてきた伝統的な応援方法があるのですが、新型コロナウイルス感染症で運動会が2年間中止になったため、伝統が途切れかけたんです。しかし、生徒たちは卒業生を招いて指導をお願いしたり、昔の応援団のビデオを見て研究したりして、なんとか受け継いでいってくれました」（井上校長先生）

加えて特徴的なのが、表彰式後の校歌斉唱です。所属する団に関係なく生徒全員が円陣を組み、校歌を歌うのが小山台の伝統です。

「それぞれが果たすべき役割を考え、優勝をめざして努力し、最後には互いの努力を認めあい終わっていく。この様子が、まさに小山台生の『敬愛・自主・力行』を表しています。今年度は歴代の応援団長が集う『応援団長の会』が設立されました。卒業生のみなさんが熱心に在校生と卒業生の交流を企画しており、小山台生にとってどれだけ運動会が大切なものなのかを感じさせられました」と井上校長先生は話されます。

卒業生のサポートのもと世界へ羽ばたいていく

小山台の生徒は、公益財団法人小山台教育財団の海外派遣プログラムに参加することが可能です。財団には、プログラムに参加したことのある卒業生も所属しており、様々なサポートを行ってくれます。

ドイツの提携校との「交換交流派遣」（おもに高1～高2）では、小山台生と提携校の生徒がペアを組み、2年にわたって交流を深めます。両校の生徒が隔年で互いの学校を訪れ、その間は受け入れ側の生徒がホストとして案内や勉強の補助などを行います。

「近年は新型コロナウイルス感染症の影響で、オンラインでの交流となっていました。しかし昨年末、3年ぶりに実際に両校を訪れる交流が実現しました。オンラインでしか顔を合わせることのなかった両者が初めて互いの国で対面し、とても感動している様子が印象的

でした」（井上校長先生）

「海外体験派遣」（おもに高1・高2）では、夏期休暇期間を利用し、ホームステイをしながらイギリスの語学学校に通います。卒業生が語学や文化に関する事前指導、現地での生活について相談に乗ってくれるため、海外に行ったことのない生徒も安心して挑戦できます。「このプログラムを理由に本校を受検する生徒も多いです」と話す井上校長先生。高1で「海外体験派遣」を経験してから、高2では東京都教育委員会が実施している「次世代リーダー育成道場」で、1年間の留学に挑戦する生徒も少なくありません。卒業生のバックアップがあることで、生徒は自信を持って世界へ飛び出していくことができるのです。

キャリア教育においても、卒業生の存在は大きいものです。「社会人によるキャリアガイダンス」（高1）では、「医療×モノづくり」「アストロバイオテクノロジーと宇宙探査」などをテーマに、様々な分野で活躍する卒業生から話を聞くことができます。

「高校時代にめざしていた分野とはまったく異なる分野で活躍されている方も多く、そんな方が『文系だったけど、就職してから数学を使うようになりました。あのとき勉強をしておいてよかったです（笑）』と話をすると、生徒にとってはモチベーションになりますよね。まさに『すべての学問は通じている』ということを体現してくれています（笑）」（井上校長先生）

生徒の将来について、井上校長先生は「どんな職に就いてなにをしたいのか、それぞれビジョンがあると思います。しかし仕事は社会貢献です。『自分は社会に対してなにができるのか』を考えながら、キャリア形成していける人間になってほしいです」と話されます。

卒業生に見守られながら、仲間と一致団結して勉強・班活動・行事をやり遂げていく小山台生。多くの人々とのつながりのなかで、自ら目標を持ち、その実現に向かって努力する力を身につけます。

最後に井上校長先生に、読者へのメッセージを伺いました。

「昼間は授業に集中して、放課後は切り替えて班活動に集中する。行事が近づけば、そちらにも尽力し、終わったら日々の勉強を頑張る。小山台での生活は、忙しくも充実しています。目標に向かって努力を惜しまず、夢をあきらめない、それが『小山台スタイル』です。夢をかなえたい生徒のみなさんをお待ちしています」

■2023年3月　大学合格者実績抜粋（ ）内は既卒

国公立大学		私立大学	
大学名	合格者	大学名	合格者
北海道大	3（1）	早稲田大	62（17）
東北大	2（1）	慶應義塾大	40（13）
筑波大	4（0）	上智大	47（12）
東京医科歯科大	3（0）	東京理科大	32（7）
東京外国語大	4（0）	青山学院大	36（1）
東京学芸大	12（2）	中央大	52（5）
東京工業大	1（0）	法政大	91（9）
東京農工大	4（0）	明治大	128（18）
一橋大	5（1）	立教大	56（4）
横浜国立大	10（2）	学習院大	18（0）
京都大	4（1）	芝浦工業大	23（5）

[体育祭] ①小山台伝統の運動会。②各団ごとに応援席を作って行う応援合戦は見ものです。

写真提供：東京都立小山台高等学校　※写真は過年度のものを含みます。

ワクワクドキドキ
熱中部活動

開智高等学校

ハンドボール部

チームワークを高めて 1つでも多くの勝利をめざす

明るい雰囲気で日々活動している開智高等学校のハンドボール部。初心者も多いですが、チームワークを大切にしながら大会での上位進出を目標に練習に励んでいます。

今回紹介してくれたのは

高3男子部キャプテン 渡辺 匠達さん

高3女子部キャプテン 下山 優里さん

School information
所在地：埼玉県さいたま市岩槻区徳力186　アクセス：東武アーバンパークライン「東岩槻駅」徒歩15分
TEL：048-793-1370　URL：https://koutoubu.kaichigakuen.ed.jp/

勝利のためにチームが1つに 仲間とのきずなが深まる

開智高等学校（以下、開智）には、一貫部※と高等部があり、普段の授業などは完全に分かれて行われます。部活動も高等部と一貫部が別々に活動している場合もありますが、ハンドボール部は高等部と一貫部がいっしょに活動しているのが特徴です。

ただハンドボール部は高等部から入部する人が多く、未経験の人がほとんどだといいます。

そのため入部したら、まずは基本を学ぶことからスタートします。最初は高1だけ別メニューでシュート練習をメインに行い、ボールを投げる感覚を身につけてから、先輩とともにパスや実戦形式の練習に取り組んでいきます。

女子部キャプテンの下山優里さんは、中学まではバレーボールをやっていましたが、高校からハンドボールを始めました。

「シュートが決まる嬉しさを感じたのが入部の決め手でした。実際に動き始めてみると、接触プレーもあって思っていたよりもハードなスポーツでしたが、同期11人がいるからこそ、つらい練習も乗り越えること

※一貫部は中1～高3までの完全中高一貫校で、高等部とは机を同じくしない

トレーニングは走り込みも多いですが、仲間と声をかけあいながらやり遂げます。

基本になるパス練習の様子。味方が取りやすい位置にボールを投げることが大切です。

全員でミーティングをしているひとコマ。このように仲間とコミュニケーションを取ることを心がけているそうです。

男女いっしょに練習をしますが、実戦練習でのチーム分けなどは男子同士になるように工夫されています。

ができています」と、下山さんは話します。

同じく、高校から競技を始めた男子部キャプテンの渡辺匠達さんは、もともとは陸上競技の個人種目をやっていました。「仲間に大事なパスがつながると嬉しいですし、シュートが決まったときには達成感があります。チームで一致団結しなければ勝利をつかめないので、仲間とのきずなも深まります」と、チームスポーツだからこその魅力を伝えてくれました。

下山さんも仲間とともにハンドボールをすることに喜びを感じていました。

「できなかったことを仲間と話しあい、それができるようになったときの充実感がすごくあります。自分がシュートを決めるのはもちろんですが、仲間のシュートが入ったときも、自分が決めたような感覚になってさらに嬉しくなります」

練習は週4日、活動場所はグラウンドが基本ですが、水曜日は総合ホールの体育館で練習しています。明るい雰囲気が今年のチームの持ち味です。

一番きつい場面から もう1歩努力できる力をつける

前後半ともに30分という長い試合時間で行われるハンドボールは「走る・跳ぶ・投げる」の3つの要素が必要なことに加え、相手との接触もあるハードなスポーツです。

そこで、開智では60分間を最後まで走り続けられるよう、ウオーミングアップでのダッシュは毎回の練習で必須。そのほかにも攻防練習やゲームなど、実戦を見据えると必然的に体力的にきついトレーニングが多くなります。

「5分間の攻防練習が終わったあと、さらに残り5点を決めたら終了、というような新たな課題が設定されます。

一番きついときに力を振り絞れるような、自分の限界を引き上げるためのメニューが組まれています」と、渡辺さんは日ごろの練習のポイントを教えてくれました。

そうした練習を乗り越えていく力は、部活動以外でも大いに活かされていると渡辺さんはいいます。

「ハードなトレーニングをこなすことで諦めない心が身につきました。例えば勉強面でいうと、苦手な教科があっても一番大変な状況を乗り越えなければ目的を達成できない、という気持ちを持って取り組めるようになりました」

下山さんは、昨年11月からキャプテンを務めるようになったことが大

きいと話します。

「初めは周りを見るということを意識的に行っていましたが、いまは自然と状況を把握できるようになりました。

キャプテンになった当初は、みんなの前で指示を出すことに緊張感がありましたが、一貫部の部員や先輩がキャプテンとしてのあり方を教えてくれたこともあり、自信を持ってチームをまとめられるようになりました」と、自身の変化を感じていました。

女子部は昨年10月～11月に行われた県新人大会で惜しくもベスト4入りを逃したものの、ベスト8進出を果たしました。

「自分たちで意見を出しあい、やろうとしていたことを発揮して結果を残せたことが嬉しかったです」と、大会を振り返った下山さんは、「関東大会県予選会ではベスト4を狙います」と、力強く今後の目標を語りました。

ハンドボールは7人が正式の人数ですが、4人以上で試合に出場が可能です。5人と数的不利で戦う男子部は「人数が少ないこともあり、なかなか勝利をつかめていませんが、これまで練習してきたことを出しきって勝利し、県大会に出場する」（渡辺さん）ことが目標です。

男女部ともに日ごろの練習から切磋琢磨し、1つでも多くの勝利をめざしています。

昨年の新人戦で好成績を納めた女子部は堅いDFとチームワークのよさが持ち味です。

人数的に不利な状況で試合に臨む男子部。その状況にも負けずに果敢に挑んで勝利をめざします。

写真提供：開智高等学校　※写真は過年度のものも含みます

高3

下山 優里さん　渡辺 匠達さん

Q開智のいいところはどんなところですか。

下山さん：勉強しやすい環境が整っています。職員室のすぐ近くに先生に相談できるスペースがあり、なにか聞きたいことがあったら、すぐに聞きにいけるようになっています。

渡辺さん：生徒中心に学校が回っています。例えば、生徒が「これをやりたい」と考えたときに、内容を整理して書類を提出します。それが承諾されれば、やりたいことが実現できます。また、勉強にきちんと取り組むことができるのももちろんですが、部活動や行事もたくさんあるので、どれも楽しみたい人にはピッタリの学校です。

Q勉強と部活動の両立はどのように工夫していますか。

下山さん：部活動があるときはどうしても時間が限定されます。その分、テスト前の部活がない期間を勉強にあてています。自分の苦手な範囲を理解し、徹底的に問題を解いて苦手を克服するようにしています。

渡辺さん：1日30分でも勉強時間を確保するようにしています。テスト前には学校に遅くまで残ることができるので、その期間にたっぷりと勉強をしています。

Q高校受験のときはどんな勉強をしていましたか。

渡辺さん：まずはスマートフォンやテレビなど、勉強から気がそれてしまうことはやめました。また、1日に勉強する時間を決めていました。

また、1つの教科だけに取り組んでいると飽きてしまうので、1時間経ったら別の教科にするなど、集中力が途切れないように、頭の使い方が変わるようにしていました。

下山さん：私立高校を受験する場合は、過去問を解いて慣れるのが一番だと思います。わからないところがあったら、そこを復習するようにしていました。

Q読者に向けてメッセージをお願いします。

下山さん：受験前の時期は勉強、勉強となりがちです。そうなると気持ちが折れやすくなるので、リフレッシュする時間も取っておくといいと思います。私は図書館に向かうなど、普段と違う環境で勉強すること、外に出ることがリフレッシュになったので、参考にしてみてください。

渡辺さん：高校は大学に、大学は就職につながります。将来も見据えて、自分のやりたいことに向かって、全力で努力できるように、誘惑に負けずに頑張ってください。

G 女子バレーボール部　H ダンス部

八王子学園八王子高等学校〈共学校〉

確かな学力と生きる力を育む教育を実践する八王子学園八王子高等学校。生徒たちは勉強だけでなく、クラブ活動や学校行事など様々な場面で多様な個性を尊重しあい、それぞれの主体性を育んでいます。

3コース・3クラス・3類系で生徒の可能性を最大限に伸ばす

「特選クラス」を新設 さらに質の高い教育をめざす

1928年、八王子市内の有志たちが資金を出しあい設立された「多摩勤労中学校」を前身とする八王子学園八王子高等学校（以下、八王子）。2028年の創立100周年に向けて、社会に貢献できる人材を育成したいという設立理念に立ち返り、生徒の自主性を重んじた教育に取り組んでいます。

その人間教育について募集広報部部長の嵐悟先生は、「生徒たちには、自分が属している集団をよりよくしていくんだという気概を持ち、自分で考え、行動してほしいとよく話しています。生徒会の指導を10年以上やってきた経験から、これからは生徒が主体となって学校を創り上げていくことが大事だと考えています。そうすることで、社会に貢献することのできる力が養われていくのだと思います」と話されます。

八王子は、文理コース・総合コース・アスリートコースの3コース制を敷いていますが、2023年度よりさらなる成長と進化をめざし、コース内の改編が行われています。まず文理コースでは、1クラス30名に限定した「特選クラス」が新設されました。最難関大学への進学サポートはもちろん、探究型の学習プログラムなどを導入し、

Photo　A スカイウォーク　B 自習室　C 登下校の様子　D 学習の様子　E 学園祭　F 体育祭

写真提供：八王子学園八王子高等学校　※写真は過年度のものを含みます。

これからの社会で必要とされる思考力、判断力、表現力の育成に取り組みます。さらにこれまでの選抜クラスと進学クラスを「進学クラス」に統合し、従来からの「特進クラス」を加えた3クラス制となり、高2までは知識のインプット、高3では多様な選択科目を用意し、大学入試では一般入試に対応したアウトプット中心の学びで難関大学への進学をめざします。

総合コースでは、従来の文科系をリベラルアーツ系とし、文系・理系を問わないカリキュラムに変更。音楽系・美術系を加えた3類系となり、アスリートコースとともに総合型選抜や学校推薦型選抜を視野に入れた進路指導が行われています。

生徒の主体性が発揮される学校行事と生徒会活動

八王子は、学校の設立経緯などから生徒と教員がいっしょに学校を創り上げていこうという風土が根づいている学校です。そのため生徒会活動が活発で、3大行事である「体育祭」「球技大会」「学園祭」はすべて生徒会が主催し、企画から当日の運営まで生徒たちの手で実施されています。

「本校では生徒会長のみ選挙で選ばれ、各行事スタッフは希望すればだれでも参加できます。自分たちで創る行事なので毎年とても盛り上がった行事になっています」（嵐先生）

さらに校則については生徒会と学校が定期的に協議を行っており、これまでに女子制服にスラックスを、学校指定バッグにリュックサックを導入するなど、生徒と学校がともに学校をよりよくするための取り組みが行われています。

また、コロナ禍の影響で停滞していた国際交流プログラムも2023年度以降、順次再開される予定です。高2の希望者が参加する「ニュージーランド短期留学」（3カ月ホームステイ）や音楽系・美術系の希望者のみ参加できるヨーロッパ芸術研修旅行などが人気で、再開されれば多く生徒が参加を希望しているようです。

最後に嵐先生から読者へのメッセージをいただきました。

「高校の3年間は、人生を変えるような出会いや出来事がある大事な3年間です。第1志望の高校で学べるのが一番いいのですが、たとえそれが併願校であったとしても、少しでも魅力的に感じ、行きたいと思える学校をしっかりと選択して進学してほしいと思います。

本校は難関大学をめざす進学校ですが、野球では甲子園に出場、陸上競技ではオリンピアンを輩出し、卒業生には東京藝術大学出身の教員や著名な漫画家、アーティストもいる多様性を持った学校です。生徒の個性を尊重し、主体性を大事にする教育方針を理解していただいたうえで、本校を選んでいただければ嬉しい限りです」

スクールインフォメーション

所在地：東京都八王子市台町4-35-1
アクセス：JR中央線「西八王子駅」徒歩5分
生徒数：男子747名、女子840名
TEL：042-623-3461
URL：https://www.hachioji.ed.jp

2023年3月　おもな合格実績

一橋大	1名	慶應義塾大	8名
東北大	1名	青山学院大	26名
東京外国語大	2名	中央大	36名
横浜国立大	2名	法政大	57名
東京都立大	13名	明治大	34名
早稲田大	17名	立教大	14名

※既卒生含む

高校受験まであと270日

そのときどきに「やるべきこと」はなにか？

森上教育研究所 高校進路研究会

さぁゴールデンウィークが終わり、2月の受験まで約270日となりました。これまでは、まだ「受験」がピンときていなかったみなさんも、いよいよ高校受験生の、あるべき顔に変わってきたのではないでしょうか。さあ、挑戦のときがきました。ここではあと270日となった受験までの日々では、どのようなことが起き、どんなことに気をつけて過ごせばよいのかについてお話ししたいと思います。

高校受験 まであと270日

そのときどきに「やるべきこと」はなにか?

学習指導要領改訂に伴い 高校入試にも変化がある

2022年から高校での学びの指針、学習指導要領が改訂されています。

これは高校入試にどのような影響を与えているのでしょうか。

まず学習指導要領とはなにか、についてです。これはカリキュラム（教育課程）の基準のことで、子どもたちが日本のどの地域に住んでいても一定水準の教育を受けられるように、と作られたものです。また、時代の変化や社会のニーズなどを反映させるため、約10年に1度改訂されています。今回の改訂にあたってポイントとなったのは、みなさんが成人するころにはグローバル化や加速する技術革新などにより、社会構造や職業のあり方が大きく変わることを想定していることです。そのときには自ら課題を設定し、主体的に行動できる人材が求められる世の中になる。だから、学校でもそうした教育が必要になるのだと。

大切な3つの力

知識 技能

思考力 判断力 表現力

学びに向かう力

時代の変化やニーズに備えてバランスよく育てるのじゃ

思考力・判断力・表現力 これらの力を駆使して 得た知識をどう活用するか

新たな学習指導要領では、なにを理解し、できるかの「知識・技能」だけでなく、得た知識・技能をどう活用するかの「思考力・判断力・表現力」、そして、どのように社会や世界とかかわるかという「学びに向かう力」の3つをバランスよく育てることが必要だとされています。

例えば、知識を問う問題では「東京都の都庁所在地はどこですか?」という問いになります。「新宿」と答えたら「なぜ新宿が都庁所在地なのだと思いますか?」と問われ、交通網や歴史などを考え、その理由を答えることになります。

その理由をわかりやすく記述するのが表現力です。

さらにこれを発展させた問いとして「あなたなら東京都の都庁所在地をどこにしますか?」と尋ねられたとき、しっかりとした根拠に基づいて思考力・判断力等を働かせ、自分なりの答えを導くことができるか、こういった内容から学びに向かう力を測っていきます。

また教科・科目構成も変わります。そのなかでも注目されている1つが「理数科」です。数学と理科の見方・考え方を組みあわせた教科横断的な科目です。様々な事象に対して課題を設定、仮説を立て、実験や観察を行い考え、研究結果をまとめ発表することに取り組みます。

そのほか情報の「情報Ⅰ」、公民の「公共」、地理歴史の「地理総合」と「歴史総合」などが新たに必修化されています。

前置きが長くなりましたが、このような高校での教育に合わせて高校入試でも、変化を前提とした内容が問われるようになりました。

東京都立高校の自校作成問題や、神奈川

時代に合わせて変化する高校入試

県公立高校の特色検査などでは、会話文をもとに思考力を問う問題や、グラフの読み取り、折り紙、カード当てゲームなどをテーマに論理的思考力を問う問題などが出されています。このように学習指導要領改訂の影響は入試の随所にみられ、公立高校だけでなく私立高校においてもこの傾向は続くと考えられます。

入試までにやるべきことと入試までの流れをつかもう

これからの受験生の日々を、志望校（第1志望校・併願校）選びから出願準備まで、左ページにロードマップで示しました。

1 まずは、どのような高校があるのか調べてみよう

大切なことは、学力難易度や知名度〝だけ〟で志望校を決めないこと。とくに私立高校を中心に国公立校でも、「国際（グローバル）教育」「STEAM（科学・技術・工学・芸術・数学分野の）教育」「ICT教育」「探究学習」「高大接続」に力を入れている学校など、その個性は学校の数だけあります。

各校のWebサイトやパンフレットで、得意な教科や興味を持てそうな分野から複数校ピックアップしてみましょう。

2 学校説明会に参加しよう

6月ごろから各校で学校説明会・見学会が開催され始めます。これらの説明会への参加をおすすめする一番の理由は、その情報量の多さにあります。在校生や先生の雰囲気、授業はワークショップやグループワーク主体なのか。またその雰囲気に自分はついていけるのか。力を入れている取り組みに関する質問や、具体的な入試のアドバイスももらえます。このように入試に関する情報を手に入れたり、入学後の自分の姿をイメージできるいい機会となります。

3 志望候補校を絞り具体的な入試対策が始まる

内申点は、都県・学校により異なるものの、基本的に中学3年の1・2学期における評価が最も重視されます。普段の授業態度や提出物はもちろん、中間・期末試験などでいい成績を残しておくことが大切です。

夏を越すころには志望候補校を第1志望校と数校の併願校に絞り込み、具体的な入試対策を始めます。英検をはじめとした各種検定資格を持っている場合、内申点に加点される場合があります。余裕があればこれらの取得を検討してもいいでしょう。

4 成績（学力）をもとに第1志望校を決める

11月には模擬試験の結果などを参考にしながら受験生・保護者・先生の三者で相談し、第1志望校を決めていきます。また、併願候補校の入試日程や教科数などを調べ、併願作戦を考えます。

高校受験まであと270日

そのときどきに「やるべきこと」はなにか？

2024年度首都圏高校入試日程

公立高校

埼玉公立入試日程

募集期間	2024年 2月7日（水）、8日（木）、9日（金） ※7日は郵送による提出
志願先変更期間	2月14日（水）、15日（木）
学力検査日	2月21日（水）
実技検査・面接	2月22日（木）※一部の学校
合格発表	3月1日（金）
追検査	3月4日（月）
追検査合格発表	3月6日（水）

千葉公立入試日程

募集期間	2024年 2月6日（火）、7日（水）、8日（木）
志願先変更期間	2月14日（水）、15日（木）
学力検査日	2月20日（火）、21日（水）
追検査	2月29日（木）
合格発表	3月4日（月）

神奈川公立　4月下旬発表 ※本誌締切までには未発表

例年なら　2月14日ごろ学力検査

東京都立　5月下旬発表

例年なら

推薦入試：1月26日・27日ごろ
一般入試一次：2月21日ごろ

私立高校

埼玉

1月22日以降

千葉

1月17日以降

神奈川

推薦入試：1月22日以降
一般入試：2月10日以降

東京

推薦入試：1月22日以降
一般入試：2月10日以降

受験生ロードマップ

4月〜5月	気になる学校リストアップ
6〜8月	学校説明会に参加
9月〜10月	志望校を絞り込み
11月	三者面談
11月〜12月	志望校決定
12月	入試相談
12月	内申点決定
1〜2月	受験校決定
1〜2月	入学試験

5 内申点も加味して考え受験校を最終確認し確定する

12月に内申点が決定すると、三者面談で事前に決めていた第1志望校・併願校に変更の必要がないかを確認し、受験校を確定させます。

この時期、「東京」「神奈川」「千葉」の私立高校は、中学校の先生と入試相談を実施します。ここで各受験生の合格可能性を検討します。

「埼玉」では、高校が実施する個別相談会に受験生・保護者が直接参加し相談することで合格可能性の検討をします。

あとは入試本番に向けてラストスパートするだけです。

第1志望校合格に向けて悔いが残らないよう頑張りましょう！

森上教育研究所

1988年、森上展安氏によって設立。受験と教育に関する調査、コンサルティング分野を開拓。私学向けの月刊誌のほか、森上を著者に教育関連図書を数多く刊行。高校進路研究会は、幅広い高校進学ニーズを抱える中学生、保護者に向け、おもにWebを通じて様々な角度から情報を提供。

そのときまでに「つけるべき力」はなにか？

前のページでは、来春の入試までのスケジュールを示して「やるべきこと」をお話ししてきました。ただ「やるべきとき」と「やるべきこと」はわかったけれど、そのときどき、実際にどんな力をつけたらいいのか、とくに270日後までにつけておかなければならない力とはなんなのか、そのポイントがわからなければ意味はありません。そこで必要な5つの力についてお話しします。

自分1人で戦う初めての試練

約270日後、みなさんは入試会場の門をくぐることになります。

中学生にとって高校受験は、初めて自分1人で取り組む大きな挑戦です。なかには中学受験を経験した人もいるでしょうが、中学受験では、保護者が自分のことのように手助けをしてくれたはずです。

高校受験では保護者は見守るだけの応援団としてサポートに徹することが一般的で、保護者に頼ることが多いようでは、学力は自らのものにならず、合格は向こうから逃げていってしまいます。

だからこそ、合否は別にして高校受験を戦い抜いたあとにやってくる爽快感や達成感は、なにものにも代えがたいものとして、あなたの心に残ることになるのです。

高校受験は、のちに「あれが、大人への第一歩だったなあ」と回想できる、そんな一大イベントだということができます。

これは自分1人で取り組んだ大きな挑戦であればこそで、中学受験では味わえないものです。

高校受験が与えてくれるもの

高校受験を経験することで、なにがあなたを大人へと誘ってくれるのでしょうか。受験によって、あなたにはどんな力がつくのでしょうか。

受験によって最終的に「獲得できる力」は、これから続く挑戦に「必要な力」と言い換えてもよいでしょう。

それは次のような力です。

計画力：明日、1週間後、1カ月後、1年後の自分を想像し、それに近づこうと計画できる力。想像力によって計画力は高まります。自ら決めた進路、高校進学を実現するために長期、短期の計画を立て、具体的に入試対策として推

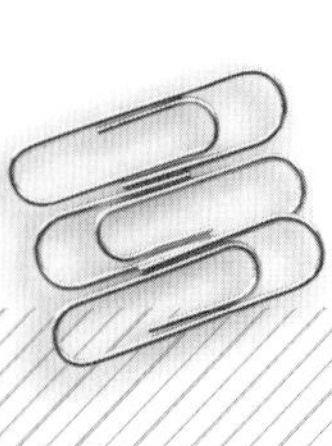

そのときまでに「つけるべき力」はなにか？

し進めていく力のことです。

継続力：計画に沿い継続して自ら勉強に取り組む力。高校受験では総合的な学力を高めることが肝要で、そのために継続的に学び続ける力のことです。自らを律する精神力も必要です。

自己分析力：自分の学力を客観的にとらえ、自らを分析する力。具体的には「どの高校が自分に向いているか」「自分が得意とする分野を意識してどう活かしていくか」などを考える力のことです。

自己管理力：自己を律し計画に則して自らを管理する力。「自ら体調管理ができるか」「学習時間や就寝時間の管理（学習を夜型から朝型への転換など）」「成績の好不調を乗り越えるポジティブシンキング」など自己をしっかり管理する力のことです。

自己肯定力：ネガティブ思考におちいらず、自らとその行動を認める力。自己が理想とする自分像を確立し、自分の将来像を描く力のことです。その力が志望校の選択時にも必要になります。

思考力・判断力・表現力につながる

ここまで、高校受験に挑戦するために必要な力を5つ述べてきましたが、これらの力は高校入試に必要なだけではなく、中学生が大人になっていくために日常的に必要な力だということに、みなさんはすでにお気づきのことと思います。

それだけではなく、これら5つの力は、33ページ冒頭で述べた新たな学習指導要領が求めている「思考力・判断力・表現力」の醸成にもつながるものです。

もともと「思考力・判断力・表現力」は高校受験のためだけに必要な力なのではなく、中学生としての日常生活を送るなかで必要とされるべきものですから、勉強に限らず日常生活全般を通して鍛えることができるはずです。

ここで得られる力は、大学受験、さらに大人への階段を上っていくうえで、非常に大切な原動力としても身につきます。

高校入試、大学入試でも「思考力・判断力・表現力」は、様々な出題で問われることになります。

みなさんが生き抜くべき未来社会では、例えばコロナ禍のような予測不能な出来事が頻繁に起こるものと考えられています。

ですから、入試問題でも「正解は1つだけ」とは限らない出題が用意され、自分が持っている「知識・技能」をいかに「活用」していけるかが問われます。そのような力、つまり「思考力・判断力・表現力」が試される出題が多くなってきているのです。

このような新傾向の問題に対しては、問題文や添付資料から必要な情報を読み取り、条件を吟味して考える力が必要です。その底流にあるのが、各教科の基礎知識です。

しかし、一度読んだだけでは、どの分野の「知識・技能」を使うべきなのかわからないような出題や、「知識・技能」を「活用」しないと解けない問題が、「思考力・判断力・表現力」を必要とする問題です。

これからの日々、身の回りで起こる種々の出来事に敏感になり、「なぜ」「じゃあどうする」を考える習慣をつけましょう。

受験生のための
明日へのトビラ

新学期が始まって１カ月、受験学年のみなさんは、うまくスタートダッシュできていますか。この「明日へのトビラ」は受験生と保護者のみなさんに向け、大切な入試情報をお伝えしていくページです。高校入試では、いまから夏休みにかけて入試制度の変更などの新情報が公表されます。このページでも可能な限り迅速にお知らせしていきます。

NEWS

進学指導推進校指定の15校に「校内予備校」による補習導入

東京都教育委員会は、2024年度から都立高校の一部15校に、民間の塾や予備校に委託した「校内予備校」による補習制度を導入する方向で、事業費9000万円を予算案に計上した。

進学実績の向上が狙いで、対象となるのは「進学指導推進校」に指定されている下記の15校。教員の負担軽減も狙いの１つという。

放課後や土曜、長期休暇中などを使って、塾や予備校の講師が、希望する生徒に苦手分野の克服を目的に指導する授業を実施することなどを想定している。年間24回を予定し生徒側の受講料は無料。

委託する民間事業者を公募して、夏までにはスタートしたいとしている。

〈東京都立の進学指導推進校〉

上野、江戸川、北園、江北、小金井北、城東、昭和、墨田川、竹早、多摩科学技術、調布北、豊多摩、日野台、三田、武蔵野北（上野、昭和は今年度からの指定）

※都教委が進学対策に計画的に取り組むべく指定しているうちの進学指導推進校は、「進学指導重点校７校（青山、国立、立川、戸山、西、八王子東、日比谷）」「進学指導特別推進校７校（国際、国分寺、小松川、駒場、小山台、新宿、町田）」に次ぐ位置づけとなっている。

2024年度公立高校入試一部変更 共通選抜の全校での面接は廃止

神奈川県教育委員会は、公立高校入試の全日制共通選抜での検査の１つとなっていた面接を、新中学３年生が受験する来春の2024年度入試からは、全校で実施することは廃止し、各校の特色検査の１つという位置づけに変更することとした。つまり、特色検査で面接が実施されることはあっても「神奈川公立高校全校でいっせいに面接」というスタイルはなくなる。

その理由として神奈川県教委は、受験生個々に対して10分程度で実施してきた面接では、生徒の意欲を測ることはできても、新学習指導要領で求められている、日ごろの学習に向かう姿勢「学びに向かう力」を適切に評価することは難しいことをあげている。

共通選抜とは、すべての神奈川県公立高校の全日制課程、定時制課程、通信制課程で実施される基本となる検査のこと。

全日制の課程では、定員の100％を共通選抜で募集する。

そのうち、まず第１次選考で調査書の評定と学力検査の得点（定められた数値により算出）で定員の90％を合格とし、残りの10％は第２次選考として学力検査や特色検査に加えて、調査書のうち「中３時の主体的に学習に取り組む態度」の評価を基にして、定められた数値算出の方法により合格者を決める。

全国　高校→大学の飛び入学制度の懸念が解消 高校卒業認定制度スタートで追い風に

これから高校をめざすみなさんですが、高校に入ったら、そこで３年間を過ごさずとも大学に進めるとしたら魅力的な話だといえないだろうか。じつはそういう制度は、すでにあり、それが「飛び入学制度」と呼ばれるものだ。

「飛び入学」とは、勉強やスポーツ、芸術などで優れた成績を残した生徒が、高校卒業を待たずに大学に入学できる制度のこと。高校から大学へのほか、大学から大学院への飛び入学制度もある。

文部科学省はこの制度について、以下のように位置づけている。

※「飛び入学」とは、特定の分野について、とくに優れた資質を有する生徒が高等学校を卒業しなくても大学に、大学を卒業しなくても大学院に、それぞれ入学することができる制度（2001年文部科学省告示）。

大学への飛び入学では、高等学校に２年以上在学した者、またはこれに準ずる者で、大学が定める分野で、とくに優れた資質を有する者が飛び入学することができる。

ただし、飛び入学生を受け入れる場合、大学も必要な要件を満たしている必要がある。

大学院を持つ大学で、教育研究上の実績および指導体制を有すること。とくに優れた資質の認定にあたって、高校の校長の推薦を求めるなど、制度の適切な運用を工夫し、大学が自己点検・評価の実施や、その結果の公表を行うことなどが、その条件となる。

飛び入学制度は、千葉大学が1998年度に始めたが、2022年５月までの利用者は、全国の大学で151人にとどまるなど、採用している各大学とも低調。

じつは、飛び入学の場合、その生徒は高校を中退して大学に入学した形になっており、もしも大学を卒業できなかった場合には、中学校卒業の資格しか与えられていなかった。

この卒業資格の問題が、多くの高校生が飛び入学をためらう一因で、優秀な人材が早期に大学教育を受けるメリットが活かしきれていない現状があった。

文部科学省は2022年４月、「高等学校卒業程度認定審査制度」を創設し、飛び入学制度の活用を促す観点から、大学への飛び入学者について、文科相が高等学校卒業者と同等以上の学力を有することを認定する制度を始めた。

この認定制度は、高校を卒業せずに大学に「飛び入学」したのち大学を中退しても、大学で16単位以上を取得していれば最終学歴を「高校卒」として、文科省が認定する制度だ。

2023年１月、高校を中退して大学に入学する「飛び入学」をした学生について、文科省は、高校卒業資格を認定する初めての同審査で９人が合格したと発表した。

飛び入学制度には、本来３年かかる高校の学費が２年で済むことや、進んだ大学での研究などに対するバックアップも充実しているメリットがある。今回の高等学校卒業程度認定審査制度が追い風となり、飛び入学志望者が増えていく可能性がある。

あの学校の魅力伝えます
スクペディア No.100

サレジアン国際学園高等学校

東京都　北区　共学校

所在地：東京都北区赤羽台4-2-14　生徒数：男子31名、女子182名　TEL：03-3906-7551　URL：https://www.salesian.international.seibi.ac.jp/
アクセス：JR宇都宮線・京浜東北線・湘南新宿ライン・埼京線「赤羽駅」徒歩10分、地下鉄南北線・埼玉高速鉄道「赤羽岩淵駅」徒歩８分

21世紀に活躍できる「世界市民」の育成

ＪＲ各線「赤羽駅」から徒歩10分、緑豊かな高台に位置するサレジアン国際学園高等学校（以下、サレジアン国際学園）。１９４８年にカトリック女子修道会「サレジアン・シスターズ」を設立母体として創設した星美学園高等学校からの歴史を持つ学校で、２０２２年度より校名変更・共学化を果たすとともに、教育内容も一新しました。

新たな一歩を踏み出したサレジアン国際学園がめざすのは、「21世紀に活躍できる『世界市民』の育成」です。「世界市民」とは、これからの時代に求められる、自ら課題を発見し、課題解決への道筋を模索し、解決へと導く能力のある人物です。

サレジアン国際学園では、「世界市民」に必要となる能力の基礎となる5つの教育重点項目（「心の教育」「考え続ける力」「コミュニケーション力」「言語活用力」「数学・科学リテラシー」の5項目）を設定し、日々の授業や学校生活を通してバランスよく育んでいきます。

この5項目である「5つのチカラ」を育成するために取り入れているのが「ＰＢＬ型授業」です。「ＰＢＬ」とは「Project Based Learning」の略で、生徒同士のディスカッションを中心とした問題解決型学習です。普段の授業から「ＰＢＬ型授業」を実施し、日常的に「5つのチカラ」を育てることをめざしています。

生徒の未来を見据えた特色ある2コース制

コースは国公立大学や難関私立大学、先端研究を行う理系の大学を目標とする「本科コース」と、国際系大学や海外の大学を目標とする「グローバルスタディーズコース」の２コース制です。

「本科コース」はＰＢＬ型授業を軸に確かな学力を構築します。高1・高2では週2時間の探究型授業「個人研究」を実施。大学のゼミナールのように、いくつかのゼミのなかから自分で所属するゼミを選択し、研究を進めていく点が特徴です。

「グローバルスタディーズコース」はハイレベルな英語授業を通して世界で活躍できる力を育成します。探究学習では「国際探究・航海型探究学習～Bon Voyage！」を実施。様々な探究活動を経験し、集大成として英語の論文執筆を行います。

新しいスタートを切ったサレジアン国際学園。「世界市民」をめざす教育が充実しています。

あの学校の魅力伝えます
スクペディア No.101

神田女学園高等学校

（かんだじょがくえん）

東京都　千代田区　女子校

所在地：東京都千代田区神田猿楽町2-3-6　生徒数：女子のみ459名　TEL：03-6383-3751　URL：https://www.kandajogakuen.ed.jp/
アクセス：JR総武線・都営三田線「水道橋駅」、地下鉄半蔵門線・都営三田線・都営新宿線「神保町駅」徒歩5分、JR中央線・地下鉄丸ノ内線「御茶ノ水駅」徒歩10分、地下鉄千代田線「新御茶ノ水駅」、地下鉄丸ノ内線・地下鉄南北線「後楽園駅」、地下鉄東西線ほか「九段下駅」徒歩12分

「伝統」と「革新」の女子校

創立133年を迎える伝統校、神田女学園高等学校（以下、神田女学園）。母語と英語のほかに第二外国語を習得する「多言語教育」に力を入れ、多様化する現代社会のなかでも自分らしく行動できる「深い知識と広い教養を備えた品格ある個人」の育成を行っています。

自己実現を成し遂げる充実のカリキュラム

神田女学園では、生徒の自己実現をめざし、個々の目標や目的に応じて「グローバルコース」「アドバンストコース」「キャリアデザインコース」の3つのコースを編成しています。

まず海外大学や国公立大学、難関私立大学への進学を視野に入れた「グローバルコース」では、ネイティブ教員とバイリンガル教員がクラス担任となり、日常的に英語に触れることのできる環境が整っています。在学中に生徒全員が6カ月以上の海外留学を経験し、言語習得と国際教養を涵養します。さらに留学先現地校の卒業資格や修了認定を得られるDDP（ダブルディプロマプログラム）も用意されています。

次に「アドバンストコース」は、大学受験に対応した学力の習得と充実した高校生活を両立できるカリキュラムになっています。基礎学力の徹底と難関私立大学の入試レベルを意識した質の高い授業を展開し、放課後の講習や補習、長期休暇には集中講座を行うなど、学習支援体制も充実しています。

最後に「キャリアデザインコース」は、探究型の学びと多言語教育を行い、様々な経験を通して将来のキャリアを自分自身でデザインしていくコースです。英語のほかに中国語、韓国語、フランス語のなかから1つを選択し、マルチリンガルとして世界で活躍するための語学力と教養を身につけていきます。

また、神田女学園では、深い思考力と広い視野を持った課題解決力を高めるために独自の探究型学習「ニコルプロジェクト」を実施しています。このプロジェクトでは50校以上もの大学と幅広い高大教育連携を組み、「Nature（自然）」「Culture（文化）」「Life（生命）」をテーマに、探究活動を行っています。

こうした様々な取り組みを通じて「品格ある個人」に成長した生徒たちは、世界を舞台に高く羽ばたいていきます。

なぜかがわかる分数と濃度の話＋プラス

湘南工科大学特任教授　湯浅弘一 著

定 価 1,430円(税込)
四六判　並製 176ページ

湯浅 弘一 著
湘南工科大学特任教授
なぜかがわかる
分数と濃度の話＋プラス
数学のキホンは
すべて小学校の
黒板に書いてある
小学校のあの黒板に書かれた、
多くの知識を消さずに残すことにしました。
●こんな方たちにおススメです。
算数が数学に変わってとまどっている中学生、
「数学ぅ、嫌い！」と即答した高校生、
「子どもの中学受験問題についていけない」とボヤいているご父母。
学び直しで身のまわりの算数・数学を知ろう！
キミは落ちこぼれなんかじゃない！　置いてけぼりにされただけ。
グローバル教育出版

困ってませんか？

中学で、算数が「数学」に変わったら、「なんか難しい」、「あれっ、わかんないや」っていう人いませんか。**じつは、小学生のあのとき、わかったつもりで次に進んだことに原因があるんです。**

とくに「分数」と「濃度」のところ、そのほかの単元でも「ちょっと不安だけど、まっいいか」って自分に言い聞かせて、きょうまで来ていませんか。

このままだと、君は「落ちこぼれ」になりかねない。ほんとは「置いてきぼり」にされてるだけなんだけどね。いまのうちに、苦手になってしまったあの部分、小学校のあの日を思い出して得意な部分にしてしまおう。

「数学？ 全然わからない」なんて言ってる、アナタへ

【著者まえがきより〜一部改】《わかると楽しいですよね？　でも、わかりにくいことってありますよね。だけどこの本はきっとわかります。なぜって？　**私が昔、数学が苦手だったからです。〝落ちこぼれ〟ってよく言われますけど、本当は〝置いてきぼり〟なだけなんです。**

どんな方でも〝振り返り〟は大事です。ここまで読んだアナタ！、振り返りの始まりです。さあ、始めましょう》

この本は２色印刷を採用、ふんだんに解説図を使用することで、視覚からもインプット、君の心にストンと落ちる工夫がなされています。

数学は、１つのことがわかると芋づる式につぎつぎとわかっていく楽しい学問です。

そしてそのとき、とてもスッキリとした爽快感を味わうことができます。そうなってしまえば、数学は受験生の友だちになり、志望校合格への大きな味方になってくれます。

2023年度首都圏公立高校入試結果

［安田教育研究所　代表 安田理］

中学3年生人口が増えた前年に続き、2023年度も東京・神奈川で応募者が増加しました。人口増に対応し臨時の募集増も継続されました。一方、千葉・埼玉では中学3年生人口は前年並みでしたが、募集数を大きく削減しています。東京・神奈川・千葉では人気校の顔ぶれに少し変化が見られました。本誌では、首都圏の上記4都県の公立高校について、それぞれの2023年度入試の結果をふまえた入試状況について安田教育研究所の安田代表に解説していただくことにしました。来年度入試への影響にも触れていきます。

東京 都立

一般入試の応募倍率は横ばいに

2023年度の東京都立高校一般入試では応募者が増え、平均応募倍率も前年上昇した1・37倍を維持しました。推薦入試では2年連続で減少、平均応募倍率は2・54倍から2・47倍に緩和し、現行制度下では最も低い平均応募倍率を更新しました。人気校に応募者が集中し、定員割れ数も多く、人気の二極化傾向が続いています。

一般入試

一般入試の平均実倍率は微減 男女別定員緩和で倍率に変化

2023年度の都立高校一般入試では3万825人の募集に対し4万2238人が応募しました。

平均応募倍率は前年と同じ1・37倍。応募者は749人増えていますが、臨時募集定員増があったため、倍率が上昇することはありませんでした。

受検者数は3万9608人で2万9319人が合格しました。平均実倍率は昨年より0・01ポイント下がり、1・35倍でした。

定員割れしてしまった人数は129人減ったものの、2160人を数え、2000人台が続いています。

男女別定員の普通科では男子の平均実倍率が1・39倍→1・42倍に上昇、女子は1・40倍→1・37倍に緩和しました。

普通科の男女別定員の緩和が進んだことにより、平均実倍率では男子が女子を上回りました。これまで応募倍率・実倍率ともに男子より女子が高かったのですが、初めての逆転現象が生じました。

応募倍率トップは女子が広尾 男子は日比谷が維持

次ページに倍率上位5校を表にして示しましたが、普通科男子では日比谷が応募者数、応募倍率とも3年連続1位でした。

2位は目黒で2・39倍から2・29倍に緩和しましたが、順位は変わりませんでした。1・90倍から2・22倍にアップした調布南が3位でした。

表では示せませんでしたが、6位以下は田園調布2・02倍、豊島2・00倍、江北2・00倍、雪谷1・99倍、戸山、青山1・97倍と続きます。

上位11校中、日比谷、戸山、青山の3校が進学指導重点校ですが、日比谷以外は順位を下げています。

普通科の女子では前年2位の広尾が2・47倍から2・49倍に上昇、トップになりました。同校は定員を削減し応募者を減らしての1位で、人気の高さがうかがえます。

前年8位の鷺宮が2・16倍から2・

48倍に上げて2位。3位の竹早も広尾と同様、定員削減の上での倍率上昇です。

6位以下は昭和2・10倍、田園調布2・10倍、青山2・06倍、三田2・02倍、府中2・01倍でした。進学指導重点校は上位10校のうち、青山の1校のみ。女子は施設の充実度や面倒見のよさ等で人気を集めた高校の倍率の高さが目立っています。

2023年度一般入試
応募者数上位校（普通科男子）

順位	学校	応募者数
1位	日比谷	344人
2位	豊島	264人
2位	江北	264人
4位	戸山	260人
5位	石神井	259人

2023年度一般入試
応募倍率上位校（普通科男子）

順位	学校	応募倍率
1位	日比谷	2.59倍
2位	目黒	2.29倍
3位	調布南	2.22倍
4位	広尾	2.06倍
5位	府中	2.03倍

2023年度一般入試
応募者数上位校（普通科女子）

順位	学校	応募者数
1位	小岩	264人
2位	鷺宮	263人
3位	豊多摩	262人
4位	神代	258人
5位	昭和	254人

2023年度一般入試
応募倍率上位校（普通科女子）

順位	学校	応募倍率
1位	広尾	2.49倍
2位	鷺宮	2.48倍
3位	竹早	2.20倍
4位	豊多摩	2.17倍
5位	神代	2.13倍

単位制などでは新設2年目の立川・創造理数が4・59倍から3・66倍に緩和したものの1位でした。以下、国際・一般2・85倍、新宿2・24倍、工芸・デザイン2・16倍、総合芸術・美術2・14倍と順位は異なるものの顔ぶれはほぼ変わっていません。

応募者数1位は男子で日比谷 女子は小岩、単位制他で新宿

応募者数が多かったのは男子が日比谷、女子は小岩、単位制他では新宿でした。男女の合計数では新宿が637人で最多、日比谷581人、小岩515人、豊島506人、武蔵丘497人と続きます。

応募者数上位5校のうち、男子では3校、女子では3校が前年と異なる顔ぶれで、人気の固定化傾向に変化がみられます。

一方、単位制ほかでは順位こそ違え新宿、芦花、国分寺、墨田川、上水のトップ5が前年と同じ顔ぶれです。

単位制では推薦入試で新宿が高倍率

推薦入試

応募者が減った推薦入試 平均応募倍率は過去最低に

2023年度の都立高校推薦入試は中学3年生人口の増加を受けて、昨年より197人多い9372人を募集。ところが応募者数は106人減った2万3176人でした。2年連続の減少です。

平均応募倍率も2・54倍から2・47倍に下げ、過去最低を更新しました。普通科男子が2・69倍から2・60倍、女子も3・25倍から3・20倍、単位制普通科は3・11倍から2・83倍と減少しました。

推薦入試での応募倍率は 男子が片倉、女子は鷺宮1位

推薦入試の応募倍率1位は男子が3・08倍から5・54倍に急上昇した片倉、女子は前年2位の5・65倍から6・42倍に伸ばした鷺宮でした。

男女ともトップだった青山は推薦入試の募集数を拡大したため倍率が

2023年度推薦入試
応募倍率上位校（普通科男子）

順位	学校	応募倍率
1位	片倉	5.54倍
2位	小岩	4.86倍
2位	鷺宮	4.86倍
4位	東大和	4.52倍
5位	東村山	4.30倍

2023年度推薦入試
応募倍率上位校（普通科女子）

順位	学校	応募倍率
1位	鷺宮	6.42倍
2位	西	5.80倍
3位	富士森	5.52倍
4位	小岩	5.32倍
5位	広尾	5.00倍

緩和、男子はランク外に。女子は８位でした。

募集数が少ないため、高倍率が目立つ推薦入試ですが、上位10校のうち、進学指導重点校は女子で西、青山、戸山がランクされていますが、男子では１校もありません。男女別定員緩和の影響からか女子のチャレンジ志向が見られれます。

男女別定員がないところでは新宿5・91倍、総合芸術・美術５・33倍、工芸・デザイン５・20倍、赤羽北桜・調理４・90倍、総合芸術・舞台表現４・42倍が高い応募倍率となりました。

応募倍率で横浜翠嵐トップ維持

神奈川 県立 市立

２０２３年度神奈川県公立高校入試は前年より４００人増の４万９３００人を募集、応募者数は４万８０８２人でした。

公立中学卒業予定者が９０３人増えたのに対し応募者数は５６９人の増加で、平均応募倍率は前年と同じ１・17倍です。

受験者数は４万７６６７人で３万９４６３人が合格しました。平均実倍率は０・01ポイント上昇の１・21倍でした。二次募集数は前年に続き１５００人超えです。

平均実倍率は1・21倍に 人気が続いている横浜翠嵐

普通科の応募倍率上位10校のうち、学力向上進学重点校とエントリー校は横浜翠嵐、湘南、多摩、希望ケ丘、大和の５校でした。前年の７校から２校減少しています。

最も応募倍率が高かったのは今年度も横浜翠嵐でしたが、前年の２・25倍から１・98倍へと下がり３年ぶりに２倍を切り、２位の多摩・神奈川総合との差が縮まりました。

2023年度応募倍率上位10校

順位	学校名	倍率
1位	横浜翠嵐	1.98倍
2位	多摩	1.87倍
2位	神奈川総合	1.87倍
4位	湘南	1.60倍
5位	新城	1.58倍
6位	住吉	1.54倍
6位	希望ケ丘	1.54倍
8位	大和	1.53倍
8位	市立東	1.53倍
10位	岸根	1.49倍

2023年度応募者数最多10校

順位	学校名	人数
1位	横浜翠嵐	708人
2位	湘南	572人
3位	住吉	551人
4位	希望ケ丘	550人
5位	海老名	538人
6位	荏田	531人
7位	多摩	519人
8位	七里ガ浜	516人
9位	市ケ尾	513人
10位	港北	511人

人気校の固定化がゆるむ傾向に

昨年11位の湘南は１・50倍から１・60倍で４位、３位だった横浜緑ケ丘は応募者減となり、ランク外となりました。

前年上位10校のうち、今年もランク入りした学力向上進学重点校とエントリー校は横浜翠嵐、多摩、希望ケ丘の３校でした。

一方、岸根は初めてのランク入りです。

人気校の固定化が続いていましたが、少し変化がみえます。東京都立でも中堅校の一部が倍率を急上昇させる傾向がみられました。今後に注目です。

普通科以外では、神奈川総合・舞台芸術１・93倍、神奈川工業・デザイン１・82倍、横浜国際・国際バカロレア帰国１・80倍あたりが高倍率校となりました。顔ぶれの変化は少ないですが、応募倍率は若干緩和しています。

横浜翠嵐は応募者数も最多 9年連続の1位に

応募者数上位10校でも横浜翠嵐が９年連続で１位でした。１００人近く減らしてのトップ維持。前年５位だった湘南は応募者を増やし2位に順位を戻しています。

学力向上進学重点校でランク入りしているのはトップ2校。

進学重点校エントリー校では、希望ケ丘、多摩の2校でした。前年ランク入りしていた鎌倉、厚木がランク外になり、荏田、港北が新たに入ってきています。倍率と同様、受験生の志向の変化があるのかもしれません。

応募先変更が3197人から3950人に増え、出願後の倍率を見て、より倍率の低い高校に変更する動きが少し強まりました。

全日制で定員割れをした高校は36校1520人で、前年の1521人とほぼ同じです。5年前からの推移は338人→615人→1071人→1039人→1521人と推移しています。

応募者数トップの県立横浜翠嵐

2023年度
特色検査の自己表現検査
共通選択問題　実施18校

・**学力向上進学重点校**…横浜翠嵐、湘南、柏陽、厚木、川和

・**エントリー校**…希望ケ丘、横浜緑ケ丘、光陵、平塚江南、横須賀、多摩、横浜平沼、鎌倉、小田原、大和、相模原、茅ケ崎北陵、横浜国際

人気校では応募者が増え倍率が上昇している一方で、定員割れ数も増えていて人気の二極化傾向が続いています。難度の低い高校や専門学科での定員割れが顕著です。通信制高校の応募者が増えていることも影響しています。

自己表現検査実施校で倍率上昇校は5校に減少

自己表現検査の共通選択問題を学力向上進学重点校と進学重点校エントリー校18校で実施していますが、今年度も採用されています。

そのなかで、今年、応募倍率上位10校のうち実倍率を上げたのは、多摩、神奈川総合、湘南、住吉、大和、市立東、岸根の6校でした。

また、独自問題で「自己表現検査」を実施した市立横浜サイエンスフロンティア・理数も実倍率を上げ続けています。

次年度は反動で再び重点校の倍率が上がることも考えられます。

千葉　県立 市立

入試制度変更3年目 2年連続の応募者増

千葉県公立高校の入試機会が一本化されてから3年目にあたる2023年度は隔年現象の影響もなく、応募者が増えて平均倍率も前年を上回りました。近隣他都県と同様、人気校の高倍率の一方で、定員割れ校の増加が見られます。

平均応募倍率は1・12倍で昨年よりわずかに上昇

2021年度より入試機会が前・後期の2回から1回に変わった千葉の3年目。

分散していた合格数が集約されたため、2021年度入試の平均応募倍率は、2020年度前期1・68倍、後期1・41倍から1・08倍に大きく緩和しましたが、2022年度入試では1・11倍に上昇していました。

新制度3回目にあたる2023年度は募集定員3万960人に対し、前年より156人増の3万4793人が応募しました。

思考力問題始めた2校は明暗

公立中学卒業予定者数は前年並みでしたが、募集定員は360人削減されています。平均応募倍率は1・12倍で、昨年より0・01ポイント上昇しました。

3万4568人が受検しましたが、昨年と同様、定員割れ校・欠員が多かったため、合格者数は2万8717人でした。ただ合格者数が募集数より少なかった昨年より合格者数は減少しています。平均実倍率も1・19倍から1・20倍に上昇、応募倍率を上回っています。

応募倍率トップ2は県立御三家の東葛飾、県立船橋

2023年度、普通科の応募倍率トップは3年連続で東葛飾です。2・00倍の大台に乗せ、昨年の1・86倍から上昇しました。同校は今年度から思考力を問う問題を導入しましたが敬遠されていません。同様に今年度から思考力を問う問題を導入した千葉東が応募者数を減らしたのとは対照的です。

県立船橋が1・83倍から1・78倍に緩和したものの2位をキープ。前年3位の県立千葉は1・69倍から1・58倍に緩和し6位に下げています。県立千葉は思考力を問う問題を一昨年から他校に先んじて導入したことに加え、二段階選抜も導入、学力検査重視を強めています。

3位には柏の葉が応募者を大きく増やして新制度化では初めての上位10校入りです。船橋東も大きく応募者を増やしてのランク入り。前年の上位10校のうち5校が今年も名を連ねていますが、常連校の千葉東、津田沼、佐倉、木更津、八千代は入っていません。

2023年度普通科応募倍率上位10校

順位	学校	倍率
1位	東葛飾	2.00倍
2位	県立船橋	1.78倍
3位	柏の葉	1.74倍
4位	市立千葉	1.71倍
5位	市立松戸	1.65倍
6位	県立千葉	1.58倍
7位	成田国際	1.57倍
8位	船橋東	1.56倍
9位	国分	1.53倍
9位	松戸国際	1.53倍

普通科以外では市立千葉・理数1・73倍が最も高く、県立船橋・理数1・68倍、幕張総合・総合1・58倍、小金・総合1・53倍、佐倉・理数、柏の葉・情報理数、幕張総合・看護が1・48倍と続きました。

例年と同様、大学進学を視野に入れた理数や総合がめだっていますが、倍率の緩和傾向がみられました。

普通科での応募倍率トップの東葛飾

2023年度応募者数最多10校

順位	学校	応募者数
1位	幕張総合（総合）	1077人
2位	県立船橋	569人
3位	柏南	516人
4位	船橋東	500人
5位	国分	491人
6位	小金（総合）	488人
7位	柏の葉	486人
7位	流山おおたかの森	486人
9位	市立千葉	480人
9位	東葛飾	480人

幕張総合が応募者数トップ普通科では県立船橋

応募者数についてもみてみましょう。

応募者数では募集数の多い幕張総合（総合）が1位を維持しています。昨年の1044人から1077人に応募者を増やし、5年連続で1000人を超えました。応募倍率は1・54倍から1・58倍に上昇しています。

2位の県立船橋も5年連続で普通科の1位を続けています。応募者数を18人減らしたものの安定した人気です。

千葉県公立高校御三家と称されることもありますが、県立千葉、東葛飾は附属中学校があるのに対し、県立船橋は唯一の高校募集単独校であるため、毎年数多くの応募者を集めています。3位の柏南も14人応募者を減らしたものの順位を1つ上げています。

人気常連校が多いなか、船橋東、

柏の葉、流山おおたかの森が新たにランク入りしています。

東京都立や神奈川県立の中堅校が躍進した例と同じく受験生の志向の変化が影響している可能性がうかがえます。ただ、新人気校の応募者が増え続ければ難度も上がるので、来季以降は要注意です。

定員割れ数は2000人以上 人気の二極化ますます

千葉県公立高校の二次募集数は2018年度以降、651人→870人→927人→1937人→2312人と増え続け、今年度は2244人と少し減少しました。それでも2000人を超えています。中学3年生人口が少し減ったのに対し定員を360人削減したのも欠員の多さを考慮したものと思われますが、人気の二極化は続いています。

応募者減少も平均倍率下がらず

埼玉 県立 市立

埼玉県公立高校入試では応募者数が再び減少しました。しかし、平均応募倍率は変わっていません。千葉県と同様に中学3年生人口が微減したのに対し、募集数を720人も削減しています。応募倍率では理数科人気、応募者数では難関校人気の高さが今年もみられました。

平均応募倍率は昨年同様 1・10倍を維持する

埼玉県では、2023年は公立中学卒業予定者が99人減るのに対し、定員を720人削減しています。

前年、欠員募集が過去最多の1700人近かったことも考慮されたのでしょう。

募集定員3万6242人に対し応募者は344人減の3万9921人で、平均応募倍率は前年と同じ1・11倍でした。

平均実倍率の方は、近年1・17倍→1・14倍→1・13倍→1・14倍→1・14倍と推移しています。

受検者数は271人減り3万9606人で、合格者数は522人減の3万4597人でした。不合格者数は2018年から6748人→6398人→5047人→4476人→4758人→5009人と、ここ2年連続で増加しています。

定員に対する欠員数は 197人減の1485人に

2023年度の欠員補充数は、7年前の380人から506人→990人→915人→780人→1458人→1682人→1485人と2年連続増から減少したものの約1500人の多さです。これは人気の二極化によるものです。

埼玉の場合、私立高校を併願で合格後、公立を受検するまで1カ月以上、空いてしまいます。「早く受験を終わらせたい」と考えた受験生が公立入試を待たずに併願している私立を進路先に決めてしまうケースが今年もあったようです。県内私立に進学した場合、就学支援金制度が手厚いことも影響しています。

応募倍率トップは大宮（理数） 普通科では市立浦和

2023年度の応募倍率上位12校のうち、理数科がじつに半数を占めました。2倍を超えた学校数は昨年より1校減り2校です。

大宮（理数）が3年連続で1位の2・65倍でした。応募倍率を2・45倍から0・2ポイント上げています。

2位には市立浦和が2・13倍から2・20倍に上げて普通科トップも継続しています。3位の川口市立（理数）も1・88倍から2・05倍に上昇、順位を上げました。同校の普通科も1・83倍から1・94倍にアップしていて、安定した人気です。

普通科だけでみると、3位の県立

浦和が2年連続で倍率を上げています。以下は市立浦和南1・46倍、浦和西、越谷南1・45倍、大宮、和光国際1・44倍、越ケ谷1・43倍、川越南、浦和北1・41倍と続きます。上位校・難関校が多く、毎年のように高い倍率になる高校も少なくありません。

最難関の県立浦和が応募者数でランク上昇

2023年度応募倍率上位10校

順位	学校	倍率
1位	大宮（理数）	2.65倍
2位	市立浦和	2.20倍
3位	川口市立（理数）	2.05倍
4位	越谷北（理数）	1.98倍
5位	川口市立	1.94倍
6位	市立大宮北（理数）	1.80倍
7位	大宮光陵（美術）	1.78倍
8位	新座総合（デザイン）	1.58倍
9位	県立浦和	1.55倍
9位	所沢北（理数）	1.55倍
9位	松山（理数）	1.55倍
9位	川口市立（スポーツ）	1.55倍

上位校の一部で倍率緩和校も

一方、上位10校の常連でもある難関校では浦和第一女子1・47倍→1・35倍、県立川越1・45倍→1・40倍に緩和し、ランク外になっています。隔年現象のようにもみえるので、県立川越女子も含め、次年度は再び倍率を上げるかもしれません。また、共学トップ校の県立大宮の普通科も1・28倍→1・48倍→1・47倍→1・44倍で少し緩和しました。

普通科以外では美術系やスポーツ系がランク入りしているのが埼玉では珍しい動向です。

応募者数1位は伊奈学園総合 最難関の県立浦和がランク上昇

応募者数をみてみると、上位10校では募集規模の大きい伊奈学園総合が今年も1位でした。852人から887人に増え、3年連続の増加です。さらに前年の臨時募集増を維持し、応募倍率も1・19倍から1・24倍に戻しました。

また、最難関校の県立浦和が89人増やし、前年の13位から2位に順位を上げました。川口市立は前年に続き29人増え5位から3位。4位の市立浦和も増加数は16人でしたが順位を2ランク上げています。応募者数を減らした浦和西、県立川越、浦和第一女子も10位以内を維持しています。

順位に多少の違いはあるものの、上位10校のうち9校が前年に続いて名を連ねています。近隣他都県ではランキングに変化が見られますが、埼玉県は人気の固定化傾向が継続しているようです。

総合・専門学科・コース制等の応募者数では久喜北陽・総合が315人で9年連続トップでした。

2023年度応募者数上位10校

順位	学校	応募者数
1位	伊奈学園総合	887人
2位	県立浦和	555人
3位	川口市立	542人
4位	市立浦和	528人
5位	浦和西	520人
6位	川越南	505人
7位	県立川越	502人
8位	川越女子	487人
9位	浦和第一女子	482人
10位	所沢	480人

【PR】

あなたらしく始める、あたらしいステップ。

中央大学杉並高等学校

〈共学校〉

2023年、文京区茗荷谷に法学部が移転したことで、さらなる注目を集めている中央大学。その附属校の1つに中央大学杉並高等学校（以下、中杉）があります。

すべての生徒が高校から入学し、例年9割以上の生徒が中央大学へと進学する中杉ですが、その高校・大学7年間の伸びやかな環境のなかで、様々な教育実践が行われています。

模擬裁判選手権

そのうちの1つが模擬裁判選手権です。模擬裁判選手権は日本弁護士連合会が主催する、いわば「法廷甲子園」とでも呼ぶべき大会で、実際の裁判さながらに、各高校が弁護側、検察側に分かれ熱戦を戦わせていきます。

中杉は2017年以来、東京都の代表となっており、毎年、優勝あるいは準優勝に輝く強豪校として知られています。その強さの秘密について、中杉チームを指導する小泉尚子教諭は次のように述べています。

「本校は、他者と共に育ち共に創るという『共育と共創』を教育理念として掲げており、その理念通り、普段の授業でも様々な意見を戦わせるグループワークが盛んに行われています。他校の先生から、中杉は多様な視点から論理を構築しているので非常に攻めづらいと言われるのですが、それは普段の授業がそのまま生きているのだと思います」

右下のQRコードから模擬裁判選手権の動画を見ることができます。「法科の中央」といわれる中央大学の伝統が、中杉の「共育と共創」という実践の中でいきいきと息づいている様子を感じることができるでしょう。

CHUROS

中央大学には、グローバルな情報環境を法学によってデザインしていく日本初の「国際情報学部」があります。そこで必要となってくるのが、英語で物事を考えていく力です。中杉ではこのような時代の要請にこたえるべくCHUROSという独自の英語教育プログラムを立ち上げました。

CHUROSはChusugi Round Systemの略で、その一番の特徴は、一度学んだ教材について、発表活動などのアウトプットを、時期をずらしながら繰り返し行うところにあります。これによって英語の定着度や発信力を伸ばしていくのです。

例を挙げると、"empathy"（共感）に関する英文をまず教科書で学び、その数か月後、この英文に関する面接テストを二人一組で行います。一方が悩みを話し、もう1人がそれに対し即興で「共感」を示します。もちろんすべて英語です。数か月前に学んだことを、アプローチを変えながらアウトプットしていくことで、いつの間にか実践的な英語力が身についていくというわけです。大学受験にとらわれない、高大一貫教育校らしい取り組みです。

数ある大学附属校の中でもとりわけ人気の高い中杉ですが、このような魅力的な取り組みに人気の秘密がありそうです。

●Address
東京都杉並区今川2-7-1
●TEL
03-3390-3175

●Access
JR中央線・東京メトロ丸ノ内線「荻窪駅」西武バス8分、西武新宿線「上井草駅」徒歩12分

お役立ちアドバイス！

字が下手なことが高校入試で不利になるのではないかと悩んでいる受験生へ

入試には字の上手い下手は関係ありません。ただし答案には丁寧に字を書くことが肝心です。

Advice

確かに、上手な字を書くことができると、なにかと得なことが多いかもしれませんね。しかし、入試においては字が上手いか下手かは関係ありません。正しい字画で書いたのであれば正解として扱われますから安心して入試に臨んでください。ただし、あまりにも乱雑な字だと採点者が正しく読み取ってくれない可能性があります。せっかく正しい解答を書いたのに、不正解になってしまうのは、なんとももったいないことです。下手でもかまわないので、読み手が正しく読み取れるように丁寧に字を書くようにしましょう。

また、入学願書の記入においても同じことがいえます。最近はインターネット出願の学校が多くなっていますが、手書きで提出する書類などもあると思います。その場合も心を込めて丁寧に記入すればなんの問題もありません。かくいう筆者も字が上手い方ではありませんが、そのことをあまり気にしていません。字が下手なことも自分の個性だと思い、必要以上に気にせずに、日ごろから丁寧な字を書くように心がけましょう。

知って得する

保護者へのアドバイス

高校受験に向けて子どもを塾に通わせたいが、初めてなので大丈夫だろうかと心配されている保護者の方へ

塾では全員が高校受験という同じ目標に向かって勉強しているので、初めての通塾でも問題なくなじめるはずです。

Advice

初めての通塾はなにかと心配ですね。ただ、高校受験の場合、これまで塾に通ったことのない生徒が多いので過度に心配する必要はありません。中学生対象の塾のおもな役割は、高校受験で必要となる知識を整理しながら学んでいくことです。集団指導塾であれ個別指導塾であれ、そこに集まってくる生徒は、ほぼ全員が高校受験を目標にしていますので、問題なく塾にも、仲間にもなじめるはずです。

初めての通塾では集団指導塾、個別指導塾それぞれの特性も気になるところです。集団指導塾は仲間と切磋琢磨しながら実力を高めることができますし、個別指導塾は生徒それぞれのペースに合わせて弱点を克服することができます。また、集団指導と個別指導を別ものととらえるのではなく、それぞれのよい面を併用するという方法もあります。

実際に通塾されている方からの情報を参考にしたり、気になる塾の体験授業を受けるなどしたりして、保護者の方の意見だけでなく、最終的にはお子さんの意見を尊重した塾選びをしていただければと思います。

桐光学園高等学校（とうこうがくえん）

神奈川　別学校

問題

次の文章を読んで、後の問いに答えなさい。

ある学者の言はれしは、世のことわざに「陰陽師（おんやうじ）身の上知らず」と言へるは、いにしへより言ひ伝へし事ならん。左伝に、晋侯、悪（あ）しき夢を見られしに、桑田（さうでん）といふところに居る※1名誉の巫（ふ）を召して夢を占はせられしに、巫の言へるは、「当年の※2新麦（しんき）を食したまふまでの御命はおはせじ」と言ひし。さて晋侯程なく疾（やま）ひを得られしに、名医も「この疾ひは※3肓（くわう）の上、膏（かう）の下に在る故（ゆゑ）に、治する事叶（かな）はず」と言ひて帰りたり。そののち程なく麦も出で来るころになりたるに、晋侯麦を食したしと言はれたれば、田地奉行より新麦を献じたり。これを食にこしらへ、くだんの桑田の巫を呼びよせて見せしめて、「汝、新麦を食するほどの命は有るまいと言ひしは偽れり」とて、すなはち1巫を殺されたり。さて、こしらへたる新麦を食せんとて先（ま）づ用事に厠（かはや）に行かれたるが、いかがしたりけん、厠の内に陥つて死せられたり。こしらへたる新麦も終（つひ）に食する事なかりし。さてこそ桑田の巫の不思議を言へるかなと2思ひあはせたり。然（しか）るにこれ程に人の上の事をば、遙（はる）かの以前より知りたる程の者が、己を晋侯の殺されんといふ事をば知らざりけるは、3不覚の至りなり。始め「御命はとかく危ふし」とばかり言ひて居たらばよかるべし。いらざる「新麦をば参るまじき」などと、あまりに子細すぎて言ひし故なり。

（『町人嚢（ちょうにんぶくろ）』より）
一部省略

※1　名誉の巫…有名な巫女（神に伝え、神意を伝える女性）。
※2　新麦…その年に収穫された麦。
※3　肓の上、膏の下…胸元。横隔膜の上、心臓の下を指す。

問一　――線1「巫を殺されたり」とありますが、晋侯が巫を殺した理由として最も適当なものを次の中から選び、記号で答えなさい。

ア　巫が晋侯の夢を占った結果が間違っていたと判断したから。
イ　巫が晋侯の死を願っていることが占いによって分かったから。
ウ　巫が晋侯に対して敬意を示さず占いによって死を予告したから。
エ　巫が占いの結果を実現するために晋侯を殺そうとしていたから。

問二　――線2「思ひあはせたり」とありますが、その解釈として最も適当なものを次の中から選び、記号で答えなさい。

ア　それにしても巫はどうして「麦を食べる前に死ぬ」などと言ってしまったのだろうか、と不思議に思った。
イ　晋侯の死を受けて、たしかに「麦を食べる前に死ぬ」という巫の奇妙な占いの通りになったのだ、と合点がいった。
ウ　「麦を食べる前に死ぬ」という巫の不思議な占いは自身が死ぬということだったのだなあ、と気づいた。
エ　そういえば巫は生前「麦を食べる前に死ぬ」などと奇妙なことを言っていたものだなあ、と思い出した。

問三　――線3「不覚の至り」とありますが、それはどのようなことですか。最も適当なものを次の中から選び、記号で答えなさい。

ア　晋侯の持つ残忍さに気づけなかったこと。
イ　占いの結果を誤った末に殺されてしまったこと。
ウ　自分自身が殺されるのを予見できなかったこと。
エ　晋侯が死んでしまうのを阻止できなかったこと。

解答　問一　ア　問二　イ　問三　ウ

●神奈川県川崎市麻生区栗木3-12-1
●044-987-0519
●小田急多摩線「栗平駅」徒歩12分、京王相模原線「若葉台駅」・小田急多摩線「黒川駅」スクールバス
●http://www.toko.ed.jp/high/

【学校説明会】要予約
7月23日（日）　8月5日（土）★
8月6日（日）　9月10日（日）
10月8日（日）　11月18日（土）
12月17日（日）
★は帰国生対象説明会

【輝緑祭（文化祭）】
9月23日（土祝）

成蹊(せいけい)高等学校

東京　共学校

問題

アメリカにいる友人のアビー（Abbie）に、近所の「こみち公園」の写真を送ったところ、返信が届きました。メールを読み、空欄（1）、（2）を埋めて返信メールを完成させなさい。答えはそれぞれ15～20語程度の英語で、下の「こみち公園の見どころ」の内容を踏まえて書くこと。２文以上になってもかまいません。

From : Abbie Smith
To : Momoko Yamada
Date : April 7, 2022
Subject : Visiting Japan

Hi Momoko,

How are you doing? Thank you very much for sending me beautiful pictures of Japan! My favorite is the picture of Komichi Park. The cherry blossoms look amazing! I also liked the beautiful pond in the park. I'm planning to visit Japan in August, so I'd love to visit the park with you then. I can't wait to see you in Japan!

Your friend,
Abbie

★こみち公園の見どころ

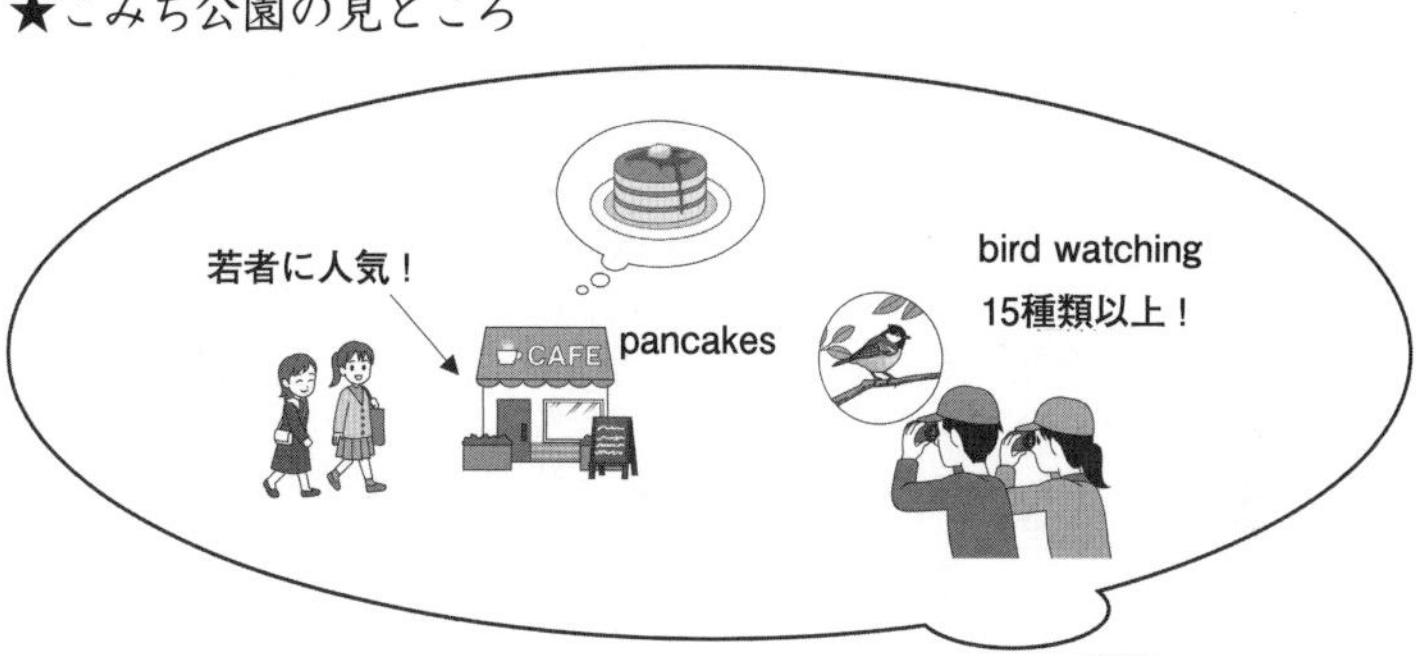

Hi Abbie,

I'm glad you like the picture of Komichi Park. It is my favorite place, too. If you come to Japan in August, I will show you around the park. There are some things that we can enjoy in Komichi Park. First, （1） . Second, （2） . I'm looking forward to seeing you in August!

Best wishes,
Momoko

解答例

（1）we can eat delicious pancakes at a café in the park. It is popular among young people.（17語）

（2）we can enjoy bird watching, too. We can find many kinds of birds in the park.（16語）

●東京都武蔵野市吉祥寺北町３-10-13
●0422-37-3818
●JR中央線ほか「吉祥寺駅」徒歩20分またはバス、西武新宿線「武蔵関駅」徒歩20分、JR中央線「三鷹駅」・西武新宿線「西武柳沢駅」バス
●https://www.seikei.ac.jp/jsh/

【学校説明会】要予約
６月24日（土）
10月14日（土）
11月25日（土）

神奈川県●男子校

鎌倉学園高等学校

かまくらがくえん

「質実剛健」の武士の魂と、「自主自律」の禅の精神を受け継ぎ、知・徳・体のバランスが取れた教育を実践している鎌倉学園高等学校。歴史的風土に包まれた古都鎌倉から、新しい息吹を日本、さらには世界へ発信できるリーダーを育成しています。今回は入試対策部長の小林健一先生にお話を伺いました。

学校に「新しい風」をもたらす帰国生の存在

本校では、学校に新しい風を吹き込んでくれる存在として帰国生の受け入れを積極的に行っています。

様々な海外経験のある帰国生は、とても魅力的な個性を持っていると思います。その個性を発揮することで、同じく高校から入学した一般生はもちろん、部活動や特別活動では中学からの一貫生にも素晴らしい刺激を与えてくれています。

帰国生には、海外からの留学生と交流するイベントや探究学習に積極的に参加し、活動を活性化するキーパーソンの役割を担い、リーダーとして活躍する生徒がとても多いです。

取り出し授業は行わず、あえて特別扱いはしていませんが、一貫生も含めた個性豊かな生徒たちの中で、それぞれ自分らしい学校生活を送っています。

トライアル&エラーで成長する体験学習

授業では体験を重視しており、実際に見て触れて考えて、時には失敗しながらも次につなげていく力を身につけてほしいと考えています。

体験型授業の代表的なものとして、1・2年生で取り組む「総合的な探究の時間」があります。伝統工芸の「鎌倉彫」からビジネス、SDGsまで、幅広く12のテーマを設定しており、生徒たちが自由に選択をして探究活動を行っています。

また、特に学んでみたい分野がある場合は、自由にテーマを設定することができるのも本校の探究型学習の魅力となっています。

1年生の探究活動では、半年以上かけていろいろなことを吸収し、失敗と成功を繰り返す中で自分が興味のあることに気付きます。

年度末のプレゼンテーションを経て、2年生ではその分野をさらに掘り下げ、卒業後の進路選択に生かしていきます。

人生において何に挑戦し、どのよ

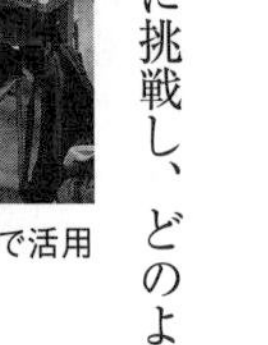

一人1台Chromebookを持ち、授業や課外活動で活用しています。

うに社会に貢献するかという自分の使命は自ら見つけられますし、見つけなければいけません。

多くの体験によって、自分の使命を見つける手がかりをつかんでほしいと考えています。

日本の伝統に触れつつ世界に視野を広げる

本校は鎌倉幕府ゆかりの建長寺に隣接しており、校舎の窓からは歴史ある境内や重要文化財の三門を見渡すことができます。

そのような立地を生かし、地元に根差した教育と世界に広がる教育の両方を実践することで、真のグローバル人材を育成しています。

例えば、本校でしかできない体験活動として、1年生の家庭科で「建長汁研修」を行っています。

建長汁研修の様子。他に、テーブルマナー講習なども行っています。

ただの調理実習ではなく、建長寺派僧侶の法話を聞き、建長汁の発祥や作法の理由を学びます。

「禅の食作法」を実践することで心を清め、教養を深める機会となっています。まさに鎌倉学園ならではの心に残る宗教教育の一つと言えます。

また、外に発信していく教育として、様々な海外研修を用意しています。コロナ禍で実施できないものもありましたが、徐々に留学や研修プログラムを再開しています。

イギリスでのホームステイや、「総合的な探究の時間」でアメリカやヨーロッパ、ベトナム等、世界各国を訪れて学びを深めるプログラムを用意しており、多くの生徒が参加を希望してくれています。

学校内外での多様な学びを通じて、本校の生徒たちが持つそれぞれの個性を生かせる学習環境を創出しています。

「鎌学」の魅力 百聞は一見に如かず

帰国生入試は、A方式（書類選考）とB方式（オープン）の2種類を用意しています。

A方式は試験のための登校が不要ですので、海外滞在中の出願、受験が可能です。出願基準に当てはまらなくても考慮する場合があります。ぜひ一度ご相談ください。

海外在住の場合は、学校見学をするタイミングも限られると思いますので、学校説明会だけではなく、個別の説明や見学のご希望にも随時対応しています。

男子校の魅力は、まさしく百聞は一見に如かず。一度実際にご来校いただき、空気を感じてもらいたいです。

自由な校風の中で、個性いっぱいの生徒たちが学ぶ姿を見て、本校を気に入ってくださった皆様の挑戦をお待ちしています。

スクールインフォメーション

所在地：神奈川県鎌倉市山ノ内110
アクセス：JR横須賀線「北鎌倉駅」徒歩13分
TEL：0467-22-0994
URL：https://www.kamagaku.ac.jp/

2023年3月　おもな合格実績

北海道大学…6名／東北大学…3名／九州大学…1名／筑波大学…6名／千葉大学…5名／東京外国語大学…3名／東京工業大学…2名／横浜国立大学…9名／慶應義塾大学…28名／早稲田大学…49名／上智大学…34名／東京理科大学…45名／明治大学…120名〈医学部医学科〉秋田大学／山形大学／新潟大学…各1名／杏林大学…4名／北里大学／順天堂大学…各2名

中学生の未来のために！

大学入試ここがポイント

国内の大学には文部科学省による理系大学、同学部への支援が進んでいることを、前号４月号までお伝えしてきました。そのなかで注目を集めているのは国際卓越研究大学に認定される大学数校がどこになるか、ということ。そんななか４月初め、その立候補が締め切られ、全10大学がエントリーしたことがわかりました。今回は、まずそのニュースからです。

国際卓越研究大学認定をめざして10大学が立候補

NEWS

国立大8校のほか早大、東京理科大も申請

文部科学省（以下、文科省）は4月4日、世界トップレベルの研究力を持つ大学をめざす「国際卓越研究大学（以下、卓越大）」の初めての公募に、東京大や早稲田大など全10大学が応募したことを発表しました。

申請した10大学は、東京大、京都大、名古屋大、東北大、大阪大、九州大、筑波大、さらに東京工業大と東京医科歯科大が統合して２０２４年度に誕生する「東京科学大」らの国立８大学のほか、早稲田大、東京理科大の両私立大でした。

この制度は、世界と戦える研究力を実現し、海外からも優秀な人材を集められる大学をめざすもので、卓越大に選ばれれば、助成金を使って、研究施設の整備や優秀な研究者の獲得、博士課程の学生への支援などを行うことができ、研究者の待遇、サポート態勢などの面で手厚い育成環境を整備することができます。

現在、日本の大学は年々研究力が低下しているといわれており、そのテコ入れ策として昨年関連法が施行され、基本計画に基づいて12月に公募開始、今年3月末に締め切られていたものです。

今後、半年ほどかけて数校程度に絞り込み、政府が出資した10兆円規模の大学ファンドの運用益をもとに、1校につき年に数百億円の巨額予算をもって支援し、この助成は最長25年間続けられます。

必要に応じて規制緩和も実施し、大学運営のあり方を根本的に変革していくのが政府の狙いです。

申請内容を審査し秋までに数大学を認定

今秋まで行われる審査では、研究論文数などの実績に加え、変革への意思が重視されます。研究力強化に向けた計画やガバナンス（組織統治）体制の審査などが行われ、現地視察などを経て、段階的に絞り込んで確定し、２０２４年度から認定された大学への助成を始める予定。審査は10人からなる文科省の有識者会議が行います。

申請校のうち東京大は「世界の誰もが来たくなる大学」を掲げ、「優秀な若手研究者の獲得」など8事業を打ち出して審査に臨むとしています。２０４９年までの25年間で大学の事業規模を倍増させるほか、助成金以外に独自基金1兆円を確保し、年５００億円の運用益を得る計画もアピール。

また名古屋大は、研究成果による起業や、アジアなど海外大学との国際研究を加速させる計画を打ち出しています。

文科省は今後、ファンドの運用状況などをみながら第2期の公募も進めることにしています。

IT・デジタル学部に限り「東京23区規制」を緩和

理系大学や同学部、理系学生への支援を国が強く打ち出していることは、前号のこのコーナーでも、報じています。

前ページの卓越大認定以外にも、例えば「大学の理系学部新設や再編への財政支援」「大学に理系女子枠新設」「中間所得世帯の理系学生への給付型奨学金制度」などがあげられますが、このほど政府は、定員増を認めていなかった「東京23区規制」の対象になっている大学に、ITやデジタル系の学部に限り定員増を認める方針を固めたと報道されています。

「東京23区規制」というのは、若者の東京一極集中を避け、地方を活性化させる目的で２０１８年、東京23区内に校舎のある学部の定員増を原則認めない法律を施行したことをさします。同時に定員を超えて合格者を発表する割合についても、大規模大学などは厳しく規制されることになりました。

背景には地方の大学の定員割れ問題があり、２０１６年に全国知事会が「大学の東京一極集中の是正」を政府に要望していました。

規制する期間は、２０２８年3月末までの10年間とされています。

東京23区内の大学定員増加を抑制する現在の規制について、政府は2月、２０２４年度にIT・デジタル分野の学部・学科に限って定員増を認める案を内閣官房の有識者会議で示していました。大筋で了承されているともいいます。

「23区規制」を破ってでも増やしたいデジタル人材

今回の緩和は、IT・デジタル人材を育成するための学部や学科に限って、新設を含めて定員増を認めるというものですが、特例を認める要件には、

〈1〉高度なIT・デジタル人材を育成する情報系学部・学科の定員を増やすこと。

をあげている一方、

〈2〉一定期間後には増加前の定員に戻すことを前提とする。

〈3〉学生が地方企業でインターンシップ（就業体験）を組み込むなど地方の就職促進策を取り入れること。

など「23区規制」の趣旨をふまえた要件を課すことも添えています。

「23区規制」はもともと、前述の「大学の理系学部新設や再編への財政支援」で新設・再編２５０～３００学部を増やす施策とは相容れないものでした。人手不足が指摘されているIT人材、デジタル人材の育成・加速は「待ったなし」だということがわかります。

東大入試突破への現代文の習慣

東大入試を突破するためには特別な学習が必要？ そんなことはありません。身近な言葉を正しく理解し、その言葉をきっかけに考えを深めていくことが大切です。田中先生が、少しオトナの四字熟語・言い回しをわかりやすく解説します。

早稲田アカデミー教務企画顧問
田中としかね

東京大学文学部卒業
東京大学大学院人文科学研究科修士課程修了
専攻：教育社会学
著書に『中学入試 日本の歴史』『東大脳さんすうドリル』など多数。文京区議会議員。第48代文京区議会議長、特別区議会議長会会長を歴任。

田中先生の「今月のひと言」

志望校とは「憧れ」の対象ではなく、「合格」を勝ち取るべき相手なのです。

今月のオトナの四字熟語

第一印象

新学年がスタートしました。中学校に進学された新1年生の皆さん、はじめまして！ また、中学校生活にも慣れてきた新2年生の皆さん、そしていよいよ受験学年を迎えた新3年生の皆さん、今年度も一緒に頑張っていきましょう！ 平成20年（２００８年）にスタートしたこの連載も15回目の春を迎えました。つまり、皆さんが「生まれる前」から、続いているわけですよ。長い間（10年ほど）「写真」も変えていなかったので、今回から「現在の姿」に変更してみました。でも、イラストに変更はございません！ それほど「現在の姿」とギャップはないと思うのですが……。「似てませんね！」という意見が大勢を占めるようになったときには、素直に従って変更を考えますね。

はじめてお目にかかる皆さんも多いと思われますので、この連載の趣旨を簡単に述べておきたいと思います。タイトルにもあります通り、東大合格につながるような国語力の養成を目標としています！ 中学生の皆さんには随分と遠い未来に向けての計画のように思われるかもしれませんが、国語力の向上は「一日にして成らず」です。日々の習慣を見直して、一歩一歩、精神的成熟という「オトナの階段」をのぼることが何よりも大切になってきます。そのための手助けとして、一緒に「オトナの教養」を身につけていこう！というのがこのコーナーの趣旨になるのです。毎回、オトナの事情を反映した「四字熟語」や「言い回し」を取り上げて解説を加えていきますからね。

議論の前提となるべき「共通の理解」が求められる国語の読解では、「他人と違わない」ことにこそ照準を合わせ、いわば妥協点を探ろうとする態度が必須とされます。多感な中学生であればあるほど、なんとなく面白くない態度に思えてしまいますよね。ここで「オトナ」と表記することで表現しようとしているのは、こうした面白くもない態度を甘んじて受け入れられるようになった人物、と理解しておいてくださいね。国語の読解の際に求められる態度とは、まさに「このあたりでいかがでしょうか?」と、おおよその線で折り合いをつけようとするスタンスに立つことに他ならないのです。それは端的にいえば「自分を捨てること」でもあります。なかなか割り切れるものではないでしょう? でも、このことを意識するだけで、国語の得点力は確実に上がるのです。

と、自己紹介をしてみました。皆さんも新しいクラスで、新しい人間関係をこれから築いていくにあたって、何度も「自己紹介」を繰り返していくのではないでしょうか。「それでは一人ずつ自己紹介をしてもらいましょう!」と、担任の先生に促され、教壇に立って「私の名前は……、趣味は……」と、とにかくみんなに話し掛けなくてはならない、という場面にも遭遇しますよね。「気が進まない」というのが正直な感想ではないでしょうか?

私は仕事柄、初めてお目にかかる大勢（おおぜい）の人たちを前に「短い時間で自己紹介」をするという行為を、あきることなく(笑)繰り返してきました。ですから「勝手知ったる」(ものごとのやり方をよく知っている)立場から、皆さんにワンポイントアドバイスを送りたいと思います。

自己紹介において何よりも大切なのは「第一印象」だといわれています。これは「就職活動」に臨む大学生向けの「対策マニュアル」などに、もれなく記されている内容でもあります。英語にするとfirst impressionですよね。「人や事物から最初に受けた印象」という意味になります。つまり、人と人とが向かい合う「自己紹介」においては、「どんな顔」で「どんな声」で「どんな言い方」で話したのか?という、「印象」に残るポイントがほぼ全てであって、「話の内容」については二の次だ、ということになるのです。確かに、ほんの短い時間の「自己紹介」で、面接官に伝えられる情報量においては、「視覚情報」や「聴覚情報」の方が圧倒的であり、「話の内容」で伝えられる情報には限りがありますからね。それでも考えてみてください。「視覚情報」「聴覚情報」のもとになる、「どんな顔」をして「どんな声」で話せばよいのか?ということについては、「自信を持って堂々と」話すことがベストになると思いませんか。それはすなわち、「話の内容」に自信がなければかなわない、ということになるのです。

結局、事前の準備が重要になります。その場の思い付きで、素晴らしい自己紹介ができるなどというのは幻想だと知りましょう。「1分間で自己紹介」ならば、自分を端的に表すキーワードを出して「つかみ」、「メイン」はキーワードにまつわるエピソードを語り、「締め」の10秒で元気にみんなに挨拶、だけでいいのです。必ず事前に「文章」にしておきましょう。こんな具合に。

「ぼくは友達からライジングサンと呼ばれています(キーワードでつかみ)。理由は意味不明ですが、聖徳太子が中国の皇帝に対して『日出処（ひいづるところ）の天子（てんし）』とアピールしたということに関連しているようです。たぶんぼくに少し髭（ひげ）が生えていることと、髭をたくわえた聖徳太子の肖像を、単純に結び付けたのだと思われます。（メインとなるエピソード）。そんなわけで歴史好きなぼくですが、どうぞよろしくお願いします！（締めの元気な挨拶）」

実際に教え子君が準備した「自己紹介」の文面ですが、あまりにインパクトがあったので今でも覚えている内容です。それは「堂々と自信を持って」語っている姿が目に浮かぶほどです。ぜひ皆さんも、このシンプルで強力な構成で「1分間自己紹介」を準備して、第一印象を鮮やかに決めてみてください！

今月のオトナの言い回し

マインドセット

野球の「ワールド・ベースボール・クラシック（WBC）」は、マイアミの「ローンデポ・パーク」で決勝が行われ、日本が前回王者であるアメリカを3－2で下し、2009年第2回大会以来14年ぶり3度目の優勝を果たしました！　連日の熱戦を、文字通り「テレビの前にかじりついて」応援していましたね。なかでも大会MVPに輝いた大谷翔平選手は、まさに八面六臂（はちめんろっぴ）（1人で何人分もの活躍をすること）と呼ぶにふさわしい活躍でした。

決勝戦の前、大谷選手はロッカールームでの円陣で「声出し」（チームのメンバーに檄（げき）をとばすこと）を今大会で初めて担当し、その様子を撮影した動画が「侍ジャパン公式ツイッター」で公開されて大きな話題を呼びました。その内容は「ぼくから1個だけ。憧れるのをやめましょう」という言葉からから始まるものでした。

「ファーストにゴールドシュミットがいたり、センターを見ればマイク・トラウトがいるし、外野にムーキー・ベッツがいたり、野球をやっていたら誰しも聞いたことがあるような選手たちがいると思う。憧れてしまっては超えられないので、僕らは今日超えるために、トップになるために来たので。今日一日だけは彼らへの憧れを捨てて、勝つことだけ考えていきましょう！」

これは心理学的には「マインドセット」の変更と呼ばれています。「マインドセット」というのは、「今までの経験や持っている知識、先入観、信念、他者との関係性などさまざまな要素から成り立ち、その人の思考や行動の根幹をかたちづくっているもの」です。野球選手としての経験を積んできた人物ならば、誰しもがそう考えてしまう「野球選手のマインドセット」があるのです。スーパースターに「憧れる」のが当たり前なのです。でも、それでは超えられない。チェンジ！　関係性を変更しよう！「憧れ」から「競い合う相手」へと。

このことは「第一志望」にもいえることではないでしょうか。「第一志望」に憧れているだけではだめなのです。現実に格闘しなくてはならない相手そのものなのですから。大谷選手にならって「憧れを捨てて、合格することだけ考えていきましょう！」と皆さんに檄をとばしたいと思います。

難関大現役合格に加えて、「人生を豊かに、前向きに生きるための姿勢と能力」を身につけていただくために――。

早稲田アカデミー大学受験部は「対話型の集団授業」「カリキュラム・教育システム」

「自走に導く学習環境」という3つのKEYで、生徒の力を大きく伸ばしていきます。

KEY2 カリキュラム・教育システム

志望校や学習状況に合わせた進度のカリキュラムで学習を進めます。最難関大現役合格を目指す選抜クラス（Tクラス）では、先取り学習によって十分な入試演習期間を確保し、実戦力を高めます。

■ 例えば高1からのスタートなら［数学の場合］

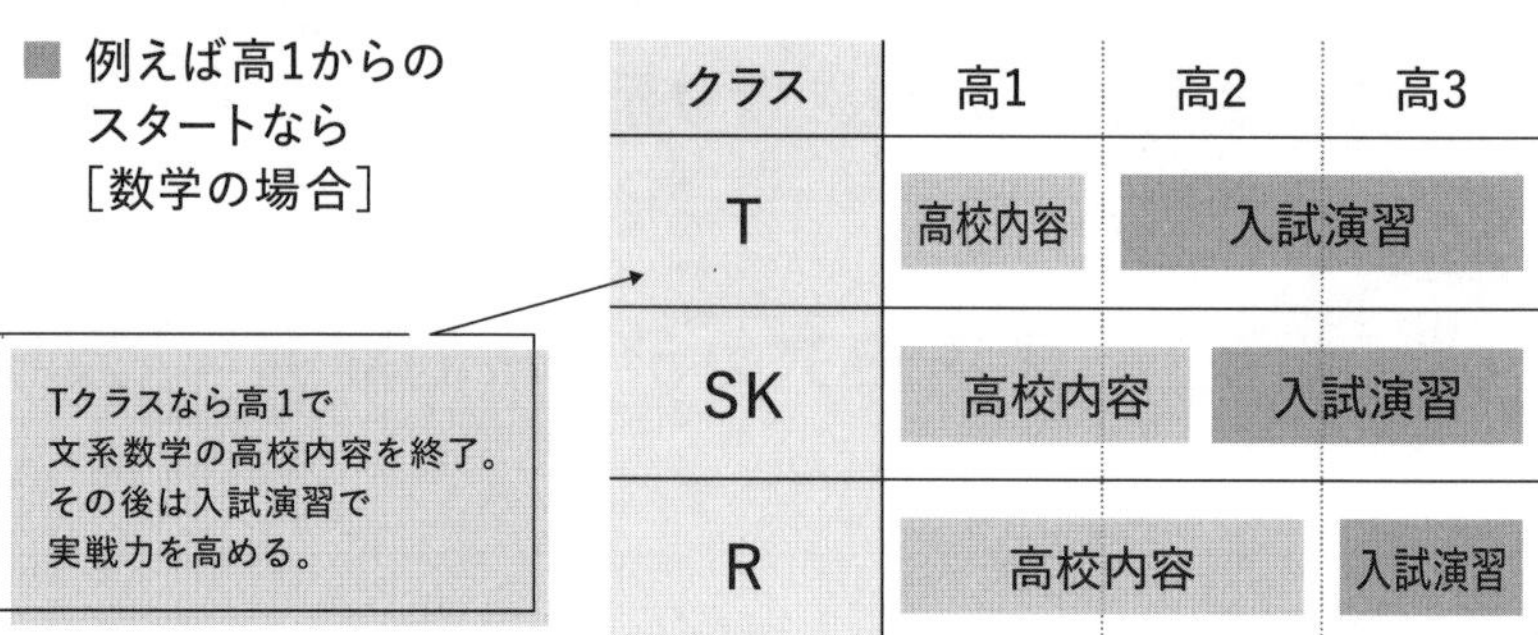

クラス	高1	高2	高3
T	高校内容	入試演習	
SK	高校内容	入試演習	
R	高校内容		入試演習

Tクラスなら高1で
文系数学の高校内容を終了。
その後は入試演習で
実戦力を高める。

KEY3 自走に導く学習環境

☑ 面談

講師による個別面談を年に3回実施します。志望校合格に向けて、「今、何をすべきか」を具体的に指導するほか、家庭学習の進め方や部活動との両立の仕方など、あらゆる相談に応じます。

☑ サクセスダイアリー

塾生には、「サクセスダイアリー」を配布。日々の予定や塾の宿題だけでなく、自分で決めた学習計画や目標、面談の内容も書き込むことができます。記入した内容は、担当講師が毎週確認し、しっかりフィードバックします。

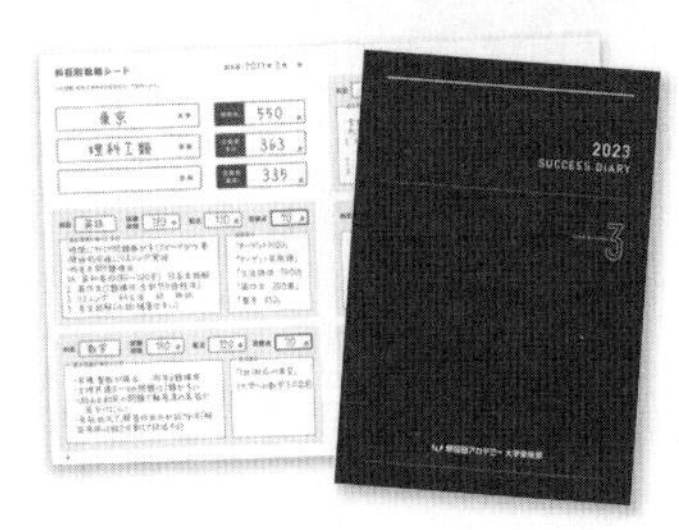

2023年 早稲田アカデミー 大学入試現役合格実績

東京大学 68名合格

東大合格率※1
77.2%

2023年
合格実績・合格体験記・合格者インタビューはこちら

※1 志望校別対策講座「東大必勝コース（1組）」に12月に在籍した生徒の合格率です。

早慶上智大 414名合格

早慶上智大
進学権獲得率※2
62.0%

早稲田大 177名合格　慶應義塾大 122名合格　上智大 115名合格

※2 志望校別対策講座「早慶大必勝コース（1組）」に12月に在籍した生徒の進学権獲得率です。

早稲田アカデミー大学受験部の詳細については…

お電話で　カスタマーセンター TEL 0120-97-3737

スマホ・パソコンで　早稲田アカデミー　検索

早稲アカ
大学受験部
Webサイト

早稲田アカデミー大学受験部 3つのKEY

KEY 1 対話型の集団授業

☑ 発問中心のライブ授業

早稲田アカデミー大学受験部の授業は、入試で得点するための知識・解法だけを教え込む「効率重視型」ではありません。「自分で考え、答えを導く力」を育むために、さまざまな考え方や解法を紹介しながら、発問を重ね、生徒の「思考の幅」を広げていきます。

☑ 学力別・志望校別クラス

科目ごとに自分の目標・到達度に合わせたクラスで学ぶことができるのが、早稲田アカデミー大学受験部の特徴の一つ。志望校に合わせた学びで、同じ目標を持つ仲間と刺激し合いながら切磋琢磨することができます。

TopwiNクラス
東大・国公立大医学部など最難関
大学志望者(主に中高一貫校生)対象

Tクラス
東大・国公立大医学部など
最難関大学志望者(主に高校受験経験者)対象

SKクラス
早慶上智大など
難関大学志望者対象

Rクラス
GMARCH・東京理科大など
有名私立大学志望者対象

早稲田アカデミー大学受験部で学んだ生徒の国際科学オリンピック実績

国際数学オリンピック
〈2021〉 金メダル 受賞
〈2020〉 銀メダル 受賞
〈2019〉 銀メダル 受賞

国際地学オリンピック
〈2019〉 金メダル 受賞

国際物理オリンピック
〈2021〉 銀メダル 受賞
〈2019〉 銀メダル 受賞

国際情報オリンピック
〈2020〉 銀メダル 受賞

東大生リトのとりとめのない話

東大の海外研修旅行「国際プロジェクト」に参加

リトのプロフィール

東大文科三類から工学部システム創成学科Cコースに進学（いわゆる理転）をする東大男子。プログラミングに加え、アニメ鑑賞と温泉が趣味。

行き先はエジプト！スエズ運河にピラミッド

こんにちは、リトです。今回は、ぼくが3月に大学の研修でエジプトに行った話をしたいと思います。その研修は、「国際プロジェクト」という名称で、ぼくが所属する東大工学部システム創成学科Cコース（PSI）で毎年行われています。研修旅行ではありますが、一応授業という扱いなので単位が取れます。海外の大学や研究機関、企業などを訪れて学ぶ内容で、今回の行き先はエジプトでした。

海外へは旅行や水泳の合宿で訪れたことはありましたが、小さなころの経験だったりして記憶はあまりありませんでした。そのため、ぼくにとっては今回のエジプト研修がほぼ初めての海外旅行といえました。もちろん、エジプトに行ったのも今回が初めてです。

エジプト研修は6泊10日の日程で行われ、最初の夜と最後の夜は飛行機内で過ごしました。

エジプトに着いたときの印象としては、「暑いけど蒸し暑くなくていい！」でした。ただ、砂がすごいので目がすぐに痛くなります。また、日差しが強く、サングラスは必須でした。砂漠を生（なま）で見たのは初めてだったので驚きと感動を覚えました。

エジプトでの最初の3日間は、スエズ運河の見学をしたり、船に乗ったりしました。スエズ運河は人工水路で、地中海と紅海を結びます。アジアとヨーロッパの間の航行を大幅に短縮し、船舶がアフリカ大陸の南端を迂回しなくてもよくなるため、世界貿易にとって非常に重要な運河です。ほかにも、パイプ工場やカイロの大学の研究室の見学もしました。ここはアメリカ系の大学で学内が広くてきれいでした。

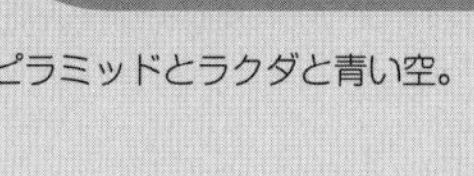

ピラミッドとラクダと青い空。

観光は、ピラミッドや博物館、モスクや教会に行きました。ピラミッドは想定より大きくて迫力がありました。なかに入れるところがあったのですが、狭くて暑かったのが印象的でした。ピラミッドを見ながらラクダに乗るのは最高の気分でした。

博物館はミイラの博物館や、古代エジプトの像が置いてある博物館などに行きましたが、実物のミイラはかなり生々しく、数千年も前のものとは思えないほど状態がよくて驚きました。ほかにも、まだ一般公開されていない世界最大級のエジプト博物館の見学もでき、かなり貴重な体験となりました。モスクはイスラム教徒のための礼拝堂のことで、こちらも壮大で豪華でした。

ほぼ初めての海外
大変だったことは？

前述の通り、人生で海外に行くのはほとんど初めてだったので、大変なことがたくさんありました。例えば、アラビア語しか通じないところでは、現地の方とのコミュニケーションが難しく大変でした。英語も通じないので、ジェスチャーや必要最低限のアラビア語を覚えるなどで対処しました。

また、Google翻訳はかなり使えました。ショッピングモールの保安検査でカメラを持ち込めないことがわかり、バスに戻ろうとしましたが、バスはもう行ってしまっていました。その間に交渉や説明をするのにGoogle翻訳を使いました。カメラのトラブルでは、軍の敷地を撮ってしまい、一時的にカメラを没収されてしまった人もいました。カメラが好きな人は、海外旅行で撮影するときは注意が必要ですね。

ほかにもトイレが汚かったり、ウォシュレットがなかったりするので、日本と異なる環境に慣れるのに苦労しました。有料のトイレにも驚きました。トイレに関しては、日本がどれだけ清潔かを思い知りましたね。

食べものは、場所によっておいしさがかなり違いました。スエズ運河庁でいただいた食事と、ピラミッドに行ったあとにレストランで食べたモロヘイヤの料理、ナイル川クルーズで食べた食事はおいしかったですね。またコシャリという、ご飯にトマトソースやオニオンフライ、マカロニが入った料理は非常においしかったです。

食べ慣れない食事に飽きることがあったものの、フルーツはおいしかったです。とくにマンゴージュースは、実をそのまますりつぶしたものが出てきてすごくフレッシュで、レストランでは毎回頼んでいました。

うまく話せなくても
臆せずに話しかけてみる

国際プロジェクトを経て、かなり人に話しかけることができるようになりました。どんな言語でも、臆せずにとにかく話しかけてみるのは重要です。文法などめちゃくちゃでもよいから、言葉が多少間違っていても伝えることが大事で、相手に自分の意志が伝わったときはなんともいえない達成感がありました。言葉は伝えるためにあると再認識できました。研修内容以外にも貴重なことを学べた「国際プロジェクト」でした。

キャンパスデイズ 十人十色

大阪大学

経済学部　2年生

木村（きむら）　燈（あかり）さん

興味があることを掘り下げて 経済と経営を両輪で学ぶ

Q 大阪大学経済学部経済・経営学科を志望した理由を教えてください。

もともと、色々なことに興味を持つ性格で、高校生のころ、「経済学はどんな分野なんだろう」と気になり、経済学に関する本を読んだことが最初のきっかけです。当時、描いた絵をインターネットで販売していて、絵を売ることがとてもおもしろかったことも影響しています。

お金がどのように動いているのかを分析する経済学、集団のなかで人をどのように動かすかを学ぶ経営学は、似ているようで少し違い、多くの大学では別の学部になっていましたが、大阪大学の経済学部なら、その両方を学べます。また、高1で簿記の試験を受けたことや、大阪大学に行動経済学に権威ある教授がいらっしゃったことが大きかったです。

Q 大学ではおもにどのようなことを学んでいますか。

基本的なマクロ経済（政府、企業、家計を総体としてとらえる経済の見方）、ミクロ経済（個人、個別の企業に注目する経済の見方）を中心に学んでいます。経済学部は文系ですが、数学に関する講義も多いのが、特徴の1つだと思います。経営学の方では、会社のマネジメント方法を学ぶものや、いまの時代、どのようなリーダーが必要とされているのかなどを勉強しています。

経済、経営の講義を通して、企業をより身近に感じられるようになりました。

もちろん、興味があった行動経済学の教授の講義も受けています。

Q そのなかでとくに印象に残っている講義はありますか。

マクロ経済学は国を単位とするなど規模が大きいことを扱い、専門用語に英語が多く、特殊な文字列を使った式もあるので難しかったです。と

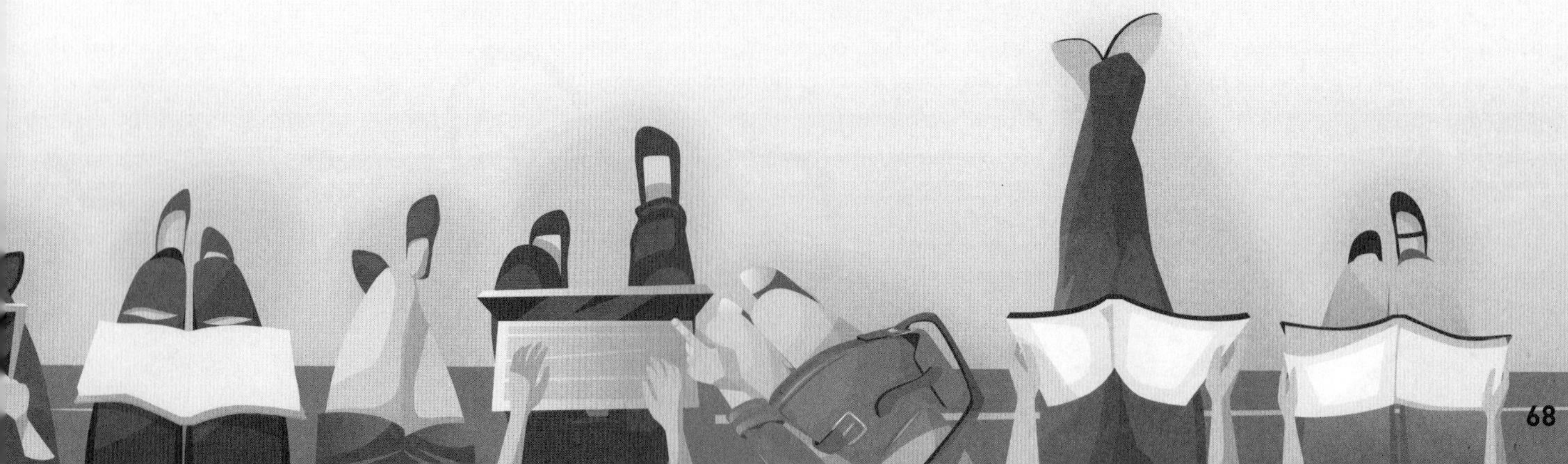

にかく、わかる部分から読み進めて徐々に理解できるようになり、経済学のおもしろさを知ることができました。

このマクロ経済学と、ミクロ経済学を学んだからこそ、最初にどれくらい投資をしたらいいのか、これを作るためにどれだけの人がかかわってくるのかなど、1つのものに対して、複数の角度から考えられるようになったと感じています。

色々な経験を積んで人としての幅を広げる

Q サークルや部活動に入っていますか。

5月と11月に開かれる学園祭の実行委員会に入っていて、120人ほどで活動しています。サークルというよりも部活動に近いかもしれません。私は、高校生のころに絵を描いていた経験を活かして、パンフレットの表紙を担当しました。

資金を集めたり、メインステージを造ったり、緊急時の避難経路を確保したりと、学園祭に関するほとんどのことを自分たちで進めるので、ほぼ1年中活動しています。準備段階から大変なことばかりですが、やりがいを感じています。

Q 将来の目標、プランを教えてください。

いまは、マーケターになりたいと考えています。ものを売りたい企業と、それをほしい人を探してマッチングさせるような仕事で、両者に喜んでもらいたいです。

そのために、大学に入ってからはこれまであまり接してきたことがなかった人たちと交流することを意識しています。大学時代は自分自身の幅を広げる時期だと思っているので、旅行に行ったり、単発のアルバイトをしたりして、普段話すことのない人とも積極的に話すようにしています。

こうした行動がそのまま将来につながるかはわかりませんが、どんなことでも受け入れられるようになると思いますし、自分の人生が豊かになると考えています。

経済学部の進路としては、銀行、保険会社、公認会計士などが多い印象です。IT関連の仕事に就く人もいるので、選択肢は多いと思います。

Q 最後に、読者にメッセージをお願いします。

中高生のうちからハッキリと将来の夢、目標を持っている人もいれば、まだぼんやり、という人もいると思います。様々な物事に触れてみないと、なにがおもしろいか、なにが自分に合っているかはわからないので、ぜひ色々なことに挑戦してみてください。その積み重ねが、将来の自分につながってくるはずです。

TOPICS

実体験をきっかけに自分の考え方を深める

大学受験は、総合型選抜で受けました。面接では、テーマに対して自分の意見をしっかりと話せるかが大切だったので、普段から1つのことをじっくり考えるように心がけていました。高校の授業で、化学などの課題研究をしたので、それらをどうやって経済に絡められるかを考えて試験に臨みました。

苦手科目だった数学は、間違えた問題を何度もやりました。わからなかったら解説を読んで一度解いてみて、次の日にまたやってみる。これを高1から続けていたのがよかったと思います。

モチベーションを上げることも大事で、苦手科目だからこそ、楽しく取り組めるようにノートをかわいく作っていました。

自分の視野を広げるため、アルバイトで貯めたお金でドイツ旅行へ。

大学では学園祭実行委員会の一員としてパンフレットのほかに、入り口に設置した門も制作しました。

高校生のころは様々なイラストを描いていました。

第6回
フェスタTOKYO
〜私学から世界へ〜
近未来体験型東京都私立中学・高校進学相談会

生徒がプロデュースする 合同説明会

フェスタ TOKYO

中学校受験・高校受験

日時 **2023年6月4日(日)**
1部 9:30〜12:30
2部 13:00〜16:00

完全予約制

会場 **淑徳巣鴨中学高等学校**
〒170-0001 東京都豊島区西巣鴨 2-22-16

バス ●都営バス［堀割停留所］より徒歩0分 ●池袋駅東口より8分(⑥⑦⑩⑫⑬乗り場)
●王子駅、王子駅前駅より12分(⑧⑭乗り場)

電車 ●都営三田線［西巣鴨駅］A3出口より徒歩3分 ●JR埼京線［板橋駅］東口より徒歩10分
●東武東上線［北池袋駅］東口より徒歩15分 ●東京さくらトラム(都電荒川線)［庚申塚駅］より徒歩4分

対象参加者

・小学校３年生〜６年生、中学校１年生〜３年生 男女の受験生及び保護者
・各教育機関及び報道関係者

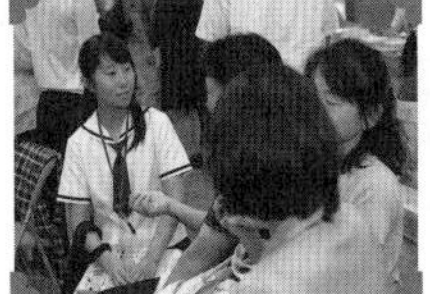

プログラム

入場予約 個別相談
◆学校別個別相談
◆受験何でも相談会
◆在校生による個別相談

要予約 体験授業
小学生対象
◆中学校教員による体験授業
◆在校生による体験授業

要予約 講演会
◆中学校入試講演会
◆中学校受験合格講座
◆高校入試講演会
◆高校受験成績アップ講座

その他
入場予約
◆中学校・高校在校生によるオープニングセレモニー
要予約
◆中学校・高校在校生による中・高受験プレゼンテーション

※新型コロナウイルス感染症の影響によりプログラムが変更になる可能性があります。最新情報についてはホームページよりご確認ください。

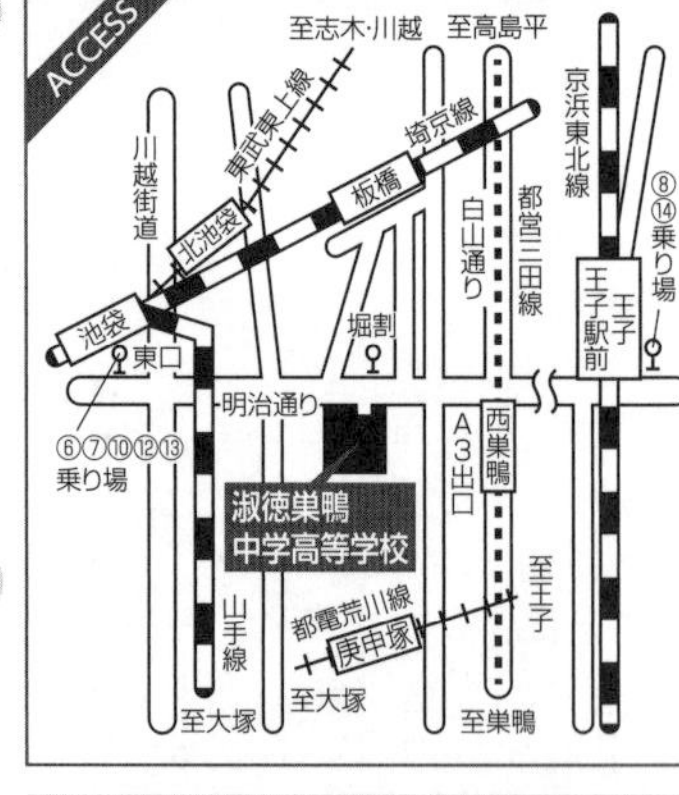

参加校 ※2023年度の参加予定校です。

■上野学園 ■開智日本橋学園 ◈北豊島 ■共栄学園 京華学園(◇京華 ◆京華商業 ◈京華女子) ◈麹町学園女子
回国学院大学久我山 ■駒込 ■桜丘 ■サレジアン国際学園 ■自由学園 ■淑徳 ■淑徳巣鴨 ◘潤徳女子
■城西大学附属城西 ■正則学園 ■成立学園 ◆大東文化大学第一 ◈瀧野川女子学園 ■帝京 ■貞静学園
◈東京家政大学附属女子 ■東洋大学京北 ◈中村 ◆二松学舎大学附属 ■日本大学第二 ◈日本大学豊山女子
■文化学園大学杉並 ◘文華女子 ◈文京学院大学女子 ◆豊昭学園(豊島学院、昭和鉄道) ◆豊南 ■保善 ■武蔵野
■目黒学院 ■八雲学園

資料参加校…◈大妻 ◈大妻中野 ◈吉祥女子 ◈十文字 ◇東京都市大学付属 ◘東洋女子 ◈富士見 ◇明治大学付属中野

■共学中高一貫校 ■共学中高一貫校中学校入試のみ ◈女子中高一貫校 ◈女子中高一貫校中学入試のみ ◘女子校高校入試のみ
回別学中高一貫校 ◆共学校高校入試のみ ■男子校高校入試のみ ◇男子中高一貫校 ◇男子中高一貫校中学入試のみ

4月28日(金)より予約開始
・入場予約は１部・２部のどちらか１つでお願いします。
・入試講演会、講座、体験授業の予約でも入場できます。

詳細のお問合せ

子どもたちと共に未来を拓く私学の会 事務局 淑徳巣鴨中学高等学校
☎03-3918-6451 festa-tokyo@shukusu.ed.jp

フェスタ内容・講演会・講座の予約受付はこちらから
下記 URL または、QR よりアクセスいただけます
http://gakuran.jp/festa-tokyo/

ちょっと得する

読むサプリメント

ここからは、勉強に疲れた脳に、ちょっとひと休みしてもらうサプリメントのページです。
ですから、勉強の合間にリラックスして読んでほしい。
このページの内容が頭の片隅に残っていれば、もしかすると時事問題や、
数学・理科の考え方のヒントになるかもしれません。

耳より
ツブより
情報とどきたて

悩ましい「橋」の英語表記

橋の英語表記が混在しているように見える道路標識（東京都中央区、撮影／本誌）

「bashi」と「Bridge」どう違う？

まず上の写真を見てください。「あれっ？」と思うこと、ありませんか。日本橋と浅草橋は、日本語をローマ字で表し「～bashi」、新常盤橋は橋を「Brdg.」に置き換え「Shintokiwa Brdg.」となっていて、橋を示す英語表記が違います。

左の写真（東京都千代田区、撮影／本誌）では、神田橋は「Kanda Bridge」、鍛冶橋は「Kajibashi」。

英語表記が混在しているように見えますが、じつはこれ、一定のルールに基づいていい換えられています。決してバラバラなわけではないのです。

橋や島、山などの名称を英語に置き換えるときは、国土地理院の「地名等の英語表記規定」（現在は2016年４月施行分）に基づいています。2016年施行ですから、当時、国土地理院は2020年東京オリンピック・パラリンピック競技大会に向け、訪日外国人旅行者の円滑な移動、快適な滞在環境を提供したいと、地名の英語表記ルールを整備していました。

なるほど、写真を見てみると最近英語表記に書き換えられた跡も見えますね。

地名の英語表記には２つの方法がある

「地名等の英語表記規定」は、日本語の地名を英語表記に変換する方法を示したものですが、その方法は大きく分けて２通りあります。

１つは置換方式です。例えば神田橋は「Kanda Bridge」と表記します。橋の部分を英語の「Bridge」に置き換える方式です。新常盤橋は橋を置換して「Shintokiwa Brdg.」です。

２つ目は追加方式です。全体のローマ字表記に橋を表す「Bridge」や「Brdg.」を追加する方式です。追加方式は、置換方式が適用しにくい場合や、日本人が置換方式の英語から元の日本語の地名を想像することが難しい場合に使用されます。居住地名や駅名、観光名所として名称全体が一体化しているもの、例えば日本橋は「Nihon Bridge」ではわかりにくいので「Nihonbashi Bridge」と表記されるのです。

道路標識の英語表記は原則が通じない

しかしながら、国土地理院の「地名等の英語表記規定」は地図上での表記を前提としたものです。

道路標識は左右の幅に制限があるため、英語表記が長くなると、「Shintokiwabashi Brdg.」ではなく「Shintokiwa Brdg.」と置換方式がとられ、日本橋、二重橋はともに追加方式になるはずなのに、実際の道路標識では「Nihonbashi」はBridgeがなく、「Nijyubashi Bridge」は長文なのにBridgeつきと表示法が分かれています。

さて、右上の写真（東京都千代田区、撮影／荒木一）は、東京都・御茶ノ水駅前にある聖橋（ひじりばし）を示す道路標識ですが、この標識、う～ん、やっぱりわかりにくいですね。

The most Advanced Sciences Navigation 031

マナビー先生の

最先端科学ナビ

FILE No.031

ジェイムズウェッブ宇宙望遠鏡

ハッブル宇宙望遠鏡をしのぐ 最新鋭の後継・宇宙望遠鏡

　ハッブル宇宙望遠鏡（以下、ハッブル望遠鏡）を知っているかな。アメリカが１９９０年に打ち上げた宇宙望遠鏡で、これまで宇宙のすばらしい画像をたくさん送ってくれている。宇宙への興味はハッブル望遠鏡から送られた画像群を見たことからだったという人も多いよ。

　さて、今回紹介するジェイムズ・ウェッブ宇宙望遠鏡（以下、ＪＷＳＴ）は、ハッブル望遠鏡の後継機で、これまで獲得した技術と成果を、さらに推し進めるために開発された。

　以前は見ることができなかった画像を、ハッブル望遠鏡が人類に提供することに成功した大きな理由は、自身が打ち上げられて宇宙空間にあることだ。地球の大気による影響を受けず、また地球の自転と関係なく宇宙を観測することができる。

　科学者たちは、そのハッブル望遠鏡を超える性能を持つ宇宙望遠鏡を打ち上げようと、20年を超える年月と、１００億ドル（約１・４兆円）の費用をかけてＪＷＳＴを開発、ついに２０２１年12月、打ち上げに成功したんだ。

　科学者たちの目的は、もちろんハッブル望遠鏡よりきれいな画像を手に入れることなんだけど、じつは最終的な目標は、もっとスケールの大きなものだ。

　みんなはビッグバンという言葉を聞いたことがあるかな？

　宇宙の始まりは爆発的膨張（ビッグバン）によるもので、いまも宇宙は膨張し続けているという理論があるのだけれど、これはハッブル望遠鏡の観測によってほぼ裏づけられた。

　だから、いま見えている星たちは、宇宙の膨張によって徐々に遠ざかっているよ。また、ビッグバンから少し経ったときに生まれた星は約１３０億年も前に誕生したものということになり、現在その星から光が届いているんだ。我々は宇宙誕生のころの、１３０億年も昔の星の画像を見ることができていることになる。そんな星たちを研究することで色々なことがわかってくるのではと期待されているから、ハッブル望遠鏡以上の性能を持ち、より明るく、微細に観測できる望遠鏡を打ち上げたかったわけだ。

　では、ハッブル望遠鏡とＪＷＳＴを比較してみよう。一番の違いはそれぞれの望遠鏡が持っている鏡の大きさ（口径）だ。ハッブル望遠鏡は約２・４ｍ、ＪＷＳＴは約６・５ｍと約２・５倍の大きさだ。ＪＷＳＴの鏡は1枚の鏡ではなく、6角形18枚（写真の上部）を組みあわせて６・５ｍの鏡になる。打ち上げたあとに18枚の鏡の位置を微調整するためのモーターもそれぞれの鏡についている。

マナビー先生

大学を卒業後、海外で研究者として働いていたが、和食が恋しくなり帰国。しかし科学に関する本を読んでいると食事をすることすら忘れてしまうという、自他ともに認める“科学オタク”。

鏡が分割されているのは、宇宙に打ち上げることを考えるとすごく有利なことなんだ。直径が6・5mもある鏡を打ち上げるためには、ロケットもその大きさ以上のものが必要になる。その大変さを考えると分割してあれば便利だ。今回も鏡は3つに折りたたんで打ち上げ、宇宙で広げる方法をとった。

過酷な宇宙で働くため様々な工夫がなされている

JWSTの観測は赤外線領域まで広げて行われている。

宇宙が始まったころの星たちは非常に高温であったと考えられ、短い波長の光を出していたとされる。それなら波長の長い赤外線で観測できるのか、という疑問ももちろんだけれど、じつは膨張し続けている宇宙では、一番外側にある星は膨張の影響を受け、地球に到達するときの光は赤外線の波長になっているから、観測が可能なんだ。

遠い星から届く赤外線を検出するために、ほかの天体などから飛んでくる別の赤外線を遮断し、自らの装置も徹底して冷却し、赤外線を出さないようにしている。

また、材質の違う5枚の薄い遮光板（写真の下部）を使って太陽などから届く赤外線を排除している。この遮光板も打ち上げ時には折りたたんでおいて、宇宙空間に打ち上がってから展開したんだ。

これからの発見や成果にワクワクしている科学者たち

打ち上げから約半年過ぎた2022年7月にアメリカのバイデン大統領らが出席して大々的なお披露目が行われ、46億年前の銀河団「SMACS 0723」など5枚の画像が公開された。それはハッブル望遠鏡の画像をはるかにしのぐ美しい映像で、みんなを感動させたよ。いまも続々とすばらしい成果が発表され続けている。

例えばJWSTは、最古のブラックホールではないかと思われる画像や、地球から130億光年以上離れたところで、複数の銀河みたいな画像をとらえている。

未だ確証は得られていないが、130億年前ごろには赤ちゃん銀河しかできていないはずだと考えられていたから「複数銀河発見」が本当なら、従来の宇宙論が修正される可能性さえあるのだというから驚きだ。

これから得られる新しい画像から予想を超えるデータが出てくるかも、と科学者たちはワクワクしているよ。

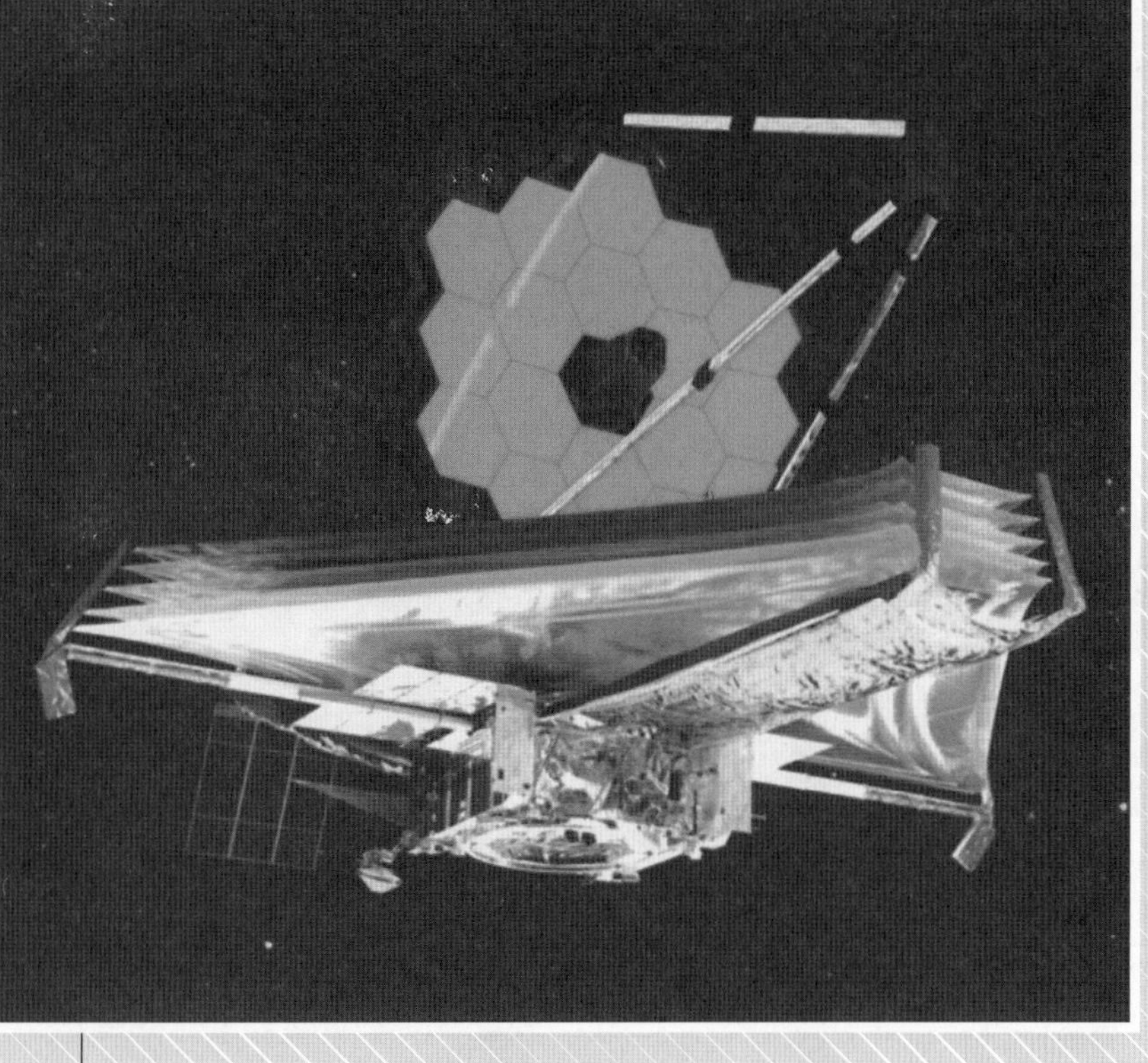

宇宙で活躍するジェイムズ・ウェッブ宇宙望遠鏡のイメージ図（©NASA＝アメリカ航空宇宙局）

【図20】初めてのプログラム作成（絵のコピー）

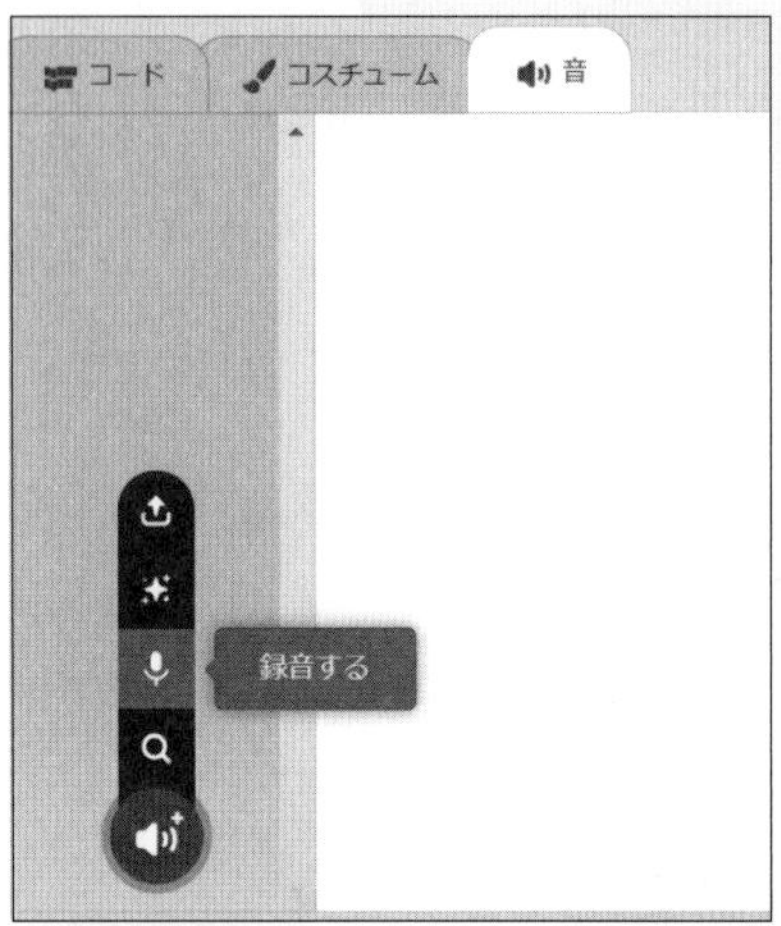

【図21】初めてのプログラム作成（歌の録音1）

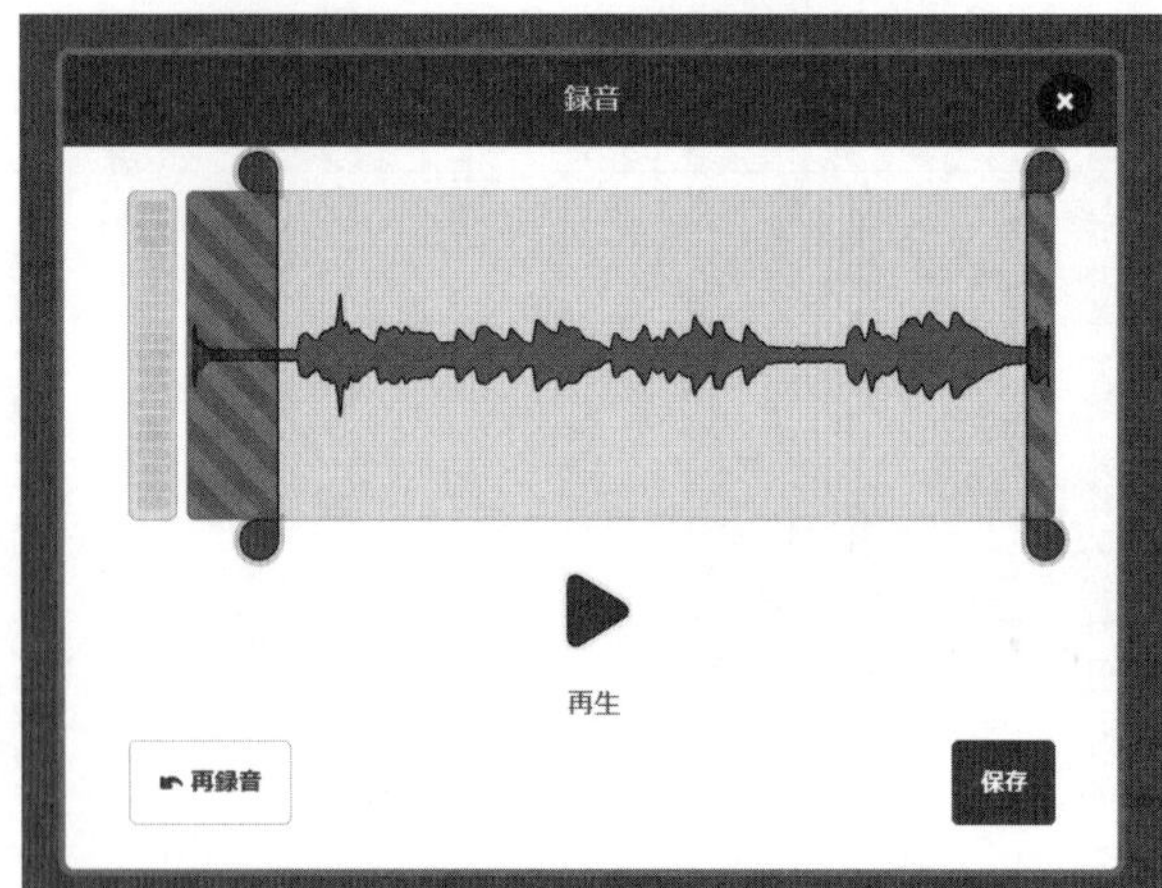

【図22】初めてのプログラム作成（歌の録音２）

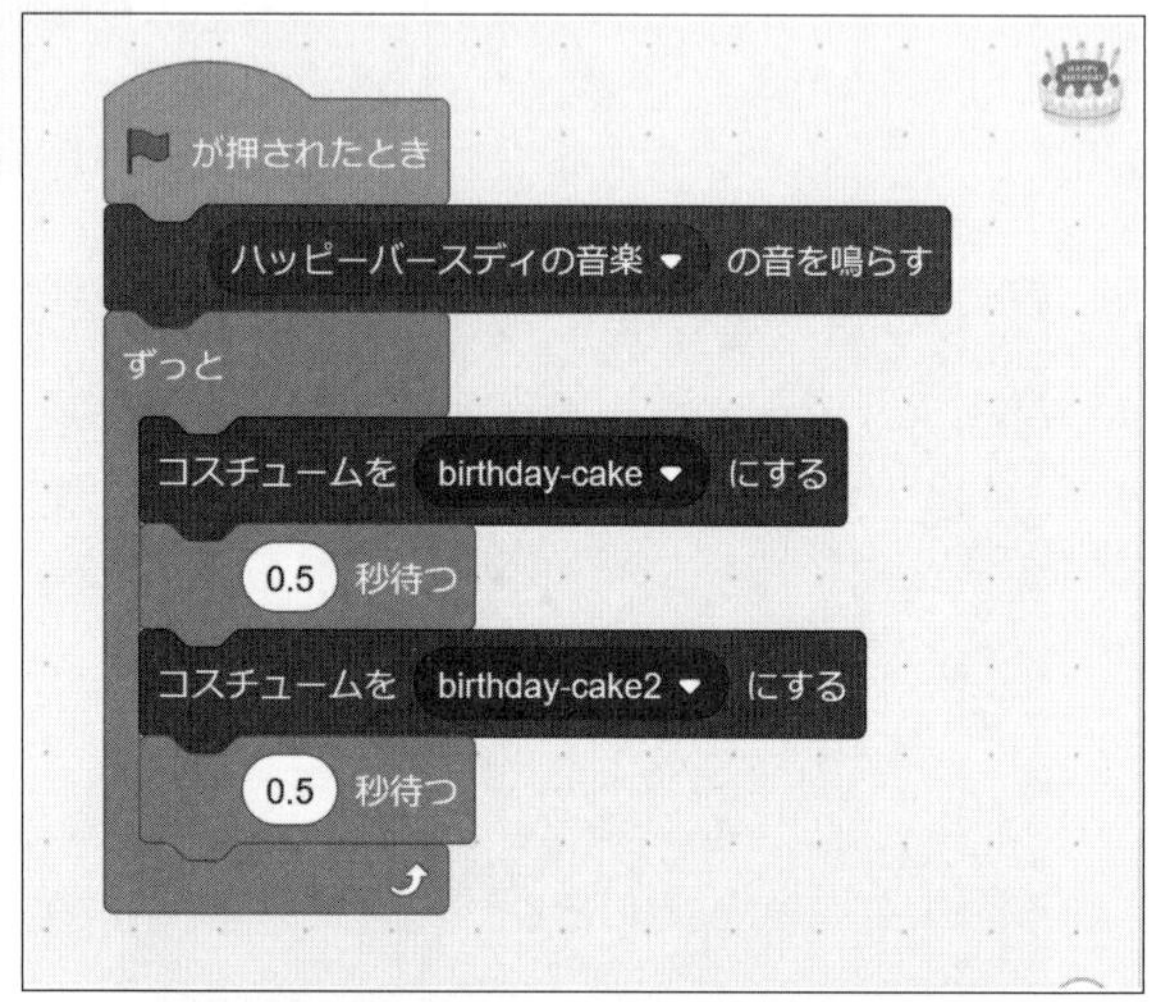

【図23】初めてのプログラム作成（スタート）

【図24】初めてのプログラム作成（完成したプログラム）

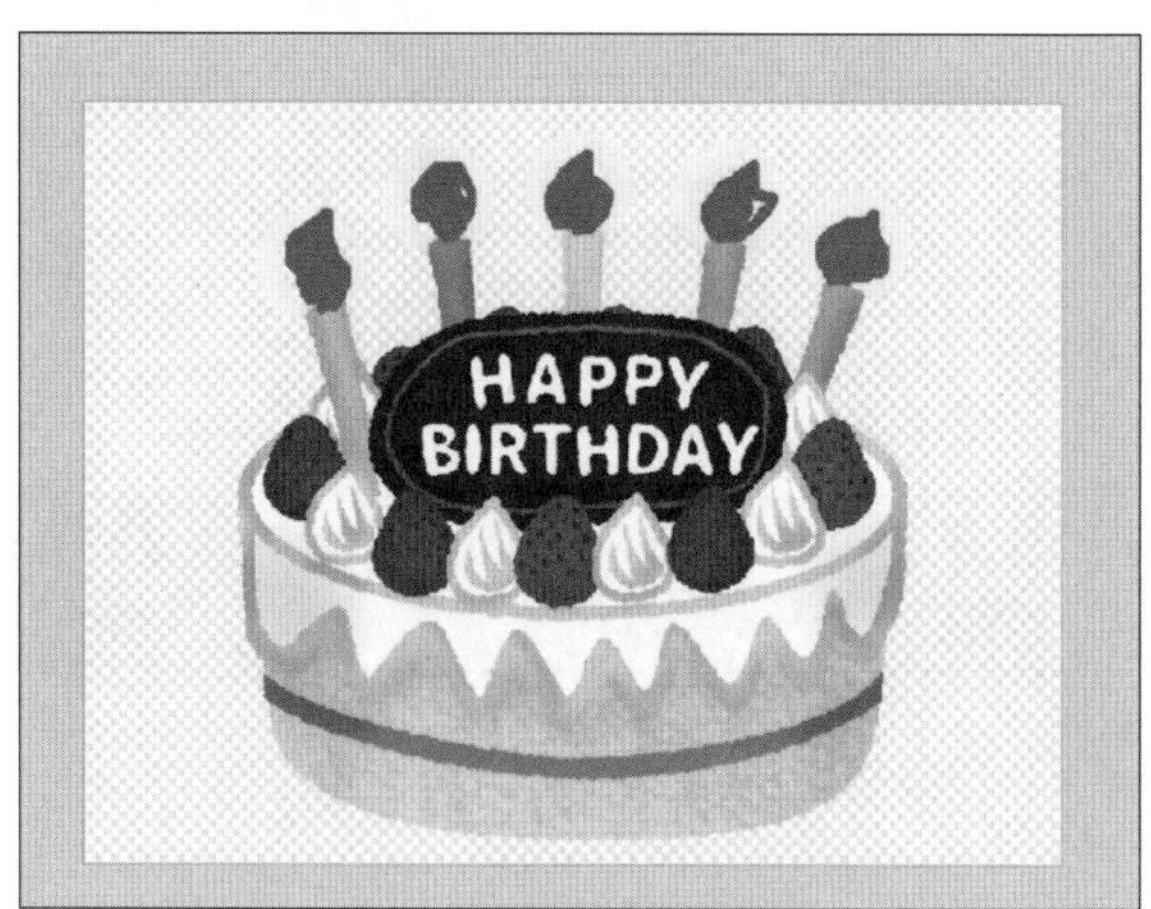

【図25】初めてのプログラム作成（誕生日お祝い）

らくらく先生：音も自分で録音できるんだ。アカペラで歌うのが難しかったら、バックに音楽を流しながら録音するといいよ。録音した音の必要な部分だけを切り出すこともできるしね**【図21、22】**。

ここまでできたらさっき見たバースデープログラムをまねてプログラムを作ってみよう。まずはスタートを決めるための緑の旗**【図23】**を左のブロックから中央にドラッグ&ドロップするよ。次は音楽とコスチュームのブロックを上から順番にドラッグ&ドロップして組み立てていくんだ**【図24】**。さて、どんなプログラムが完成したかな**【図25】**？

参考のために私の作ったプログラムをWebで紹介してるので見てください。バグもいっぱいあるけれど、楽しんでほしいね。

ラム：ありがとうございます。

ログ：これからも頑張ってプログラムを作っていきます。

（つづく）

このページは81ページから読んでください。

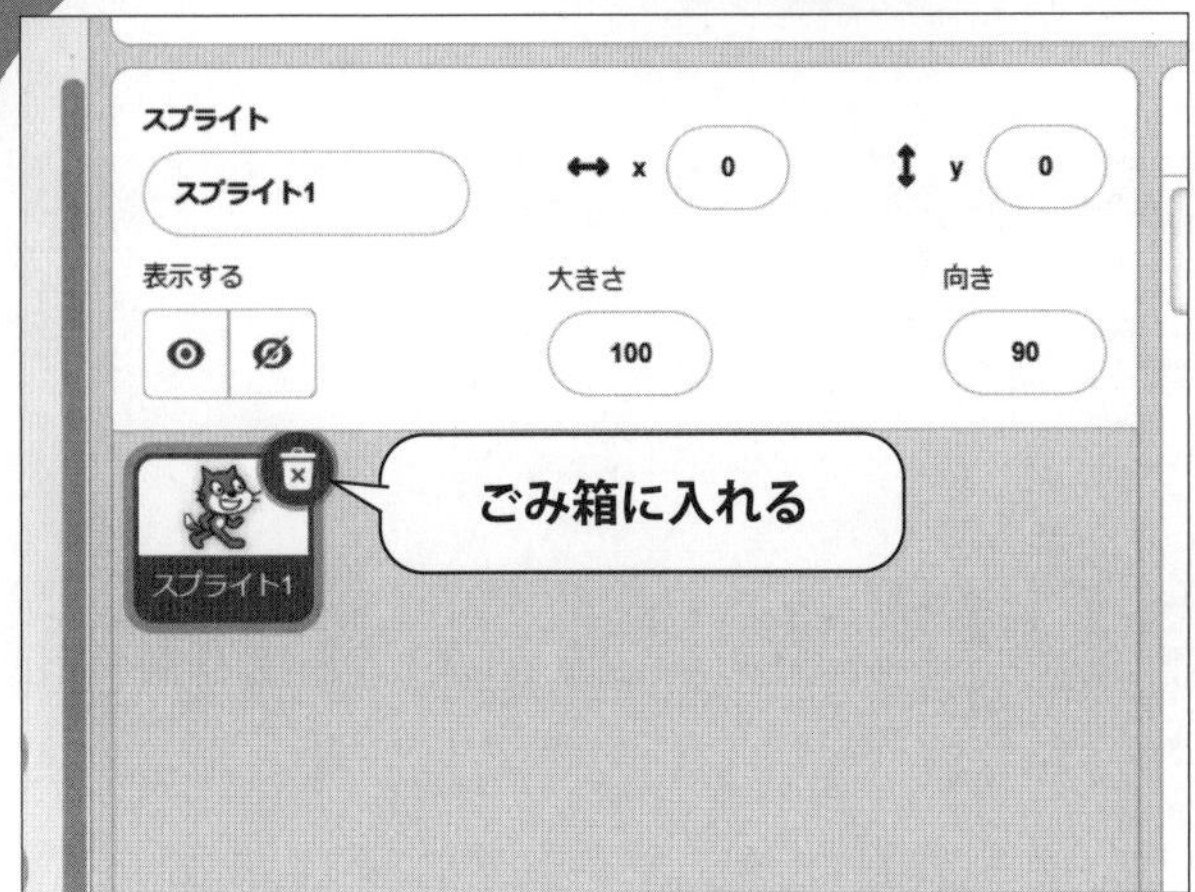

【図14】初めてのプログラム作成（ネコを消す）

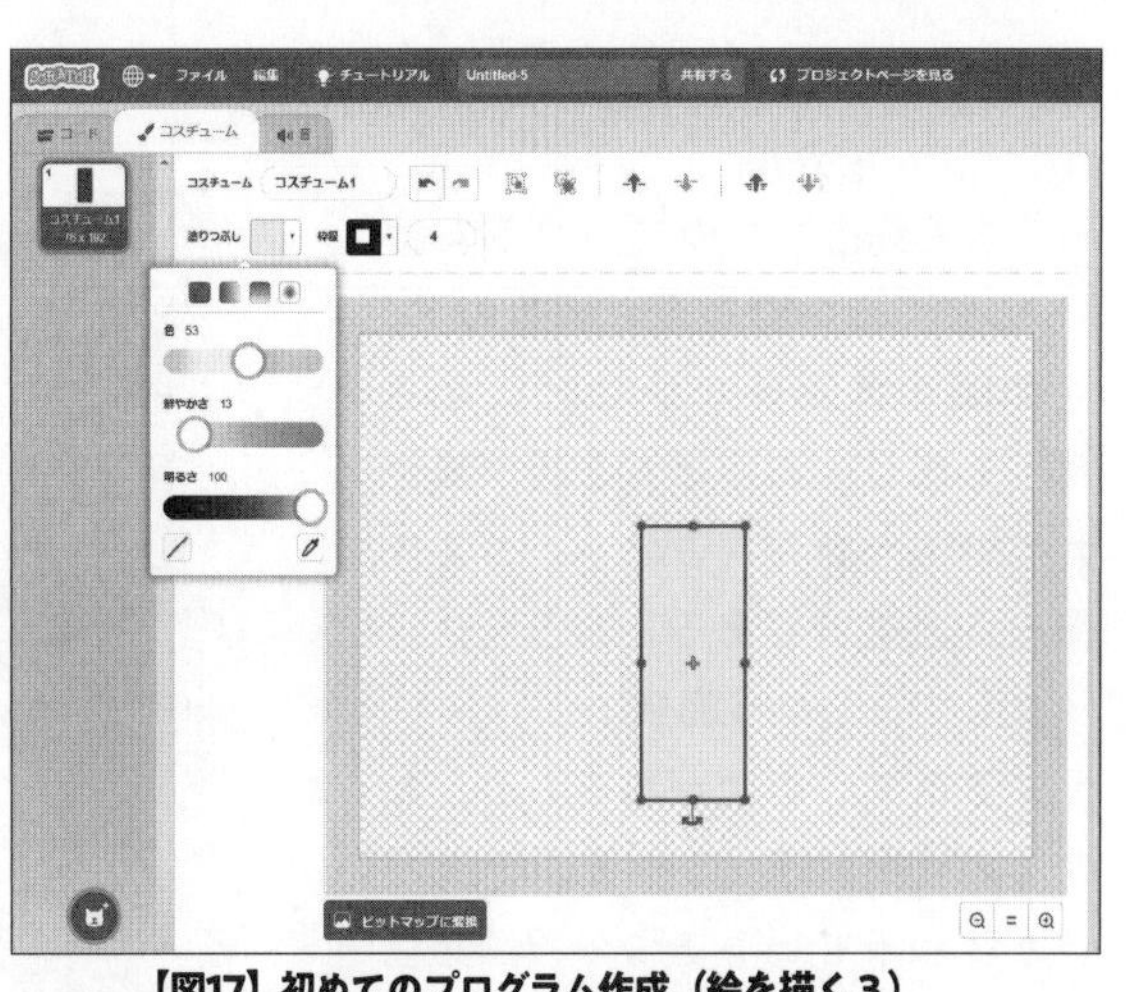

【図17】初めてのプログラム作成（絵を描く3）

【図15】初めてのプログラム作成（絵を描く1）

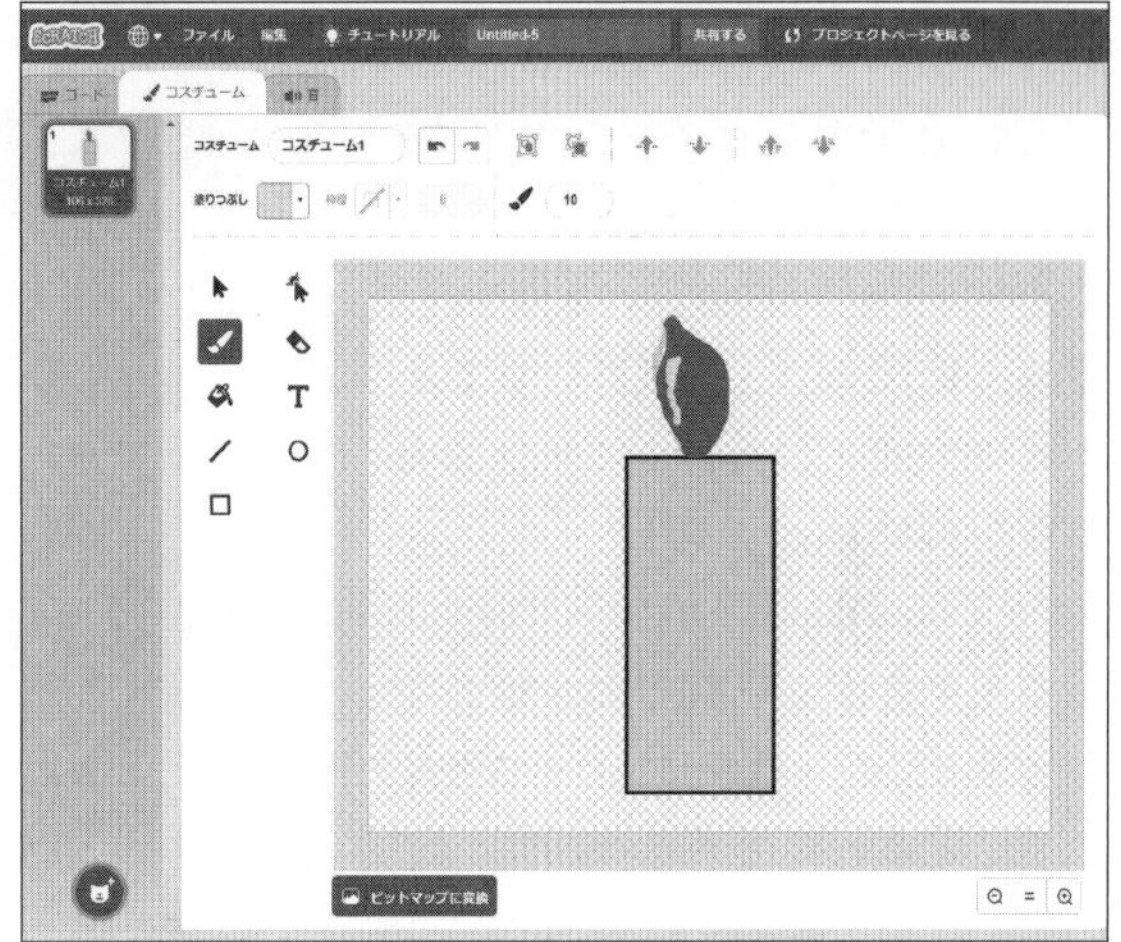

【図18】初めてのプログラム作成（絵を描く4）

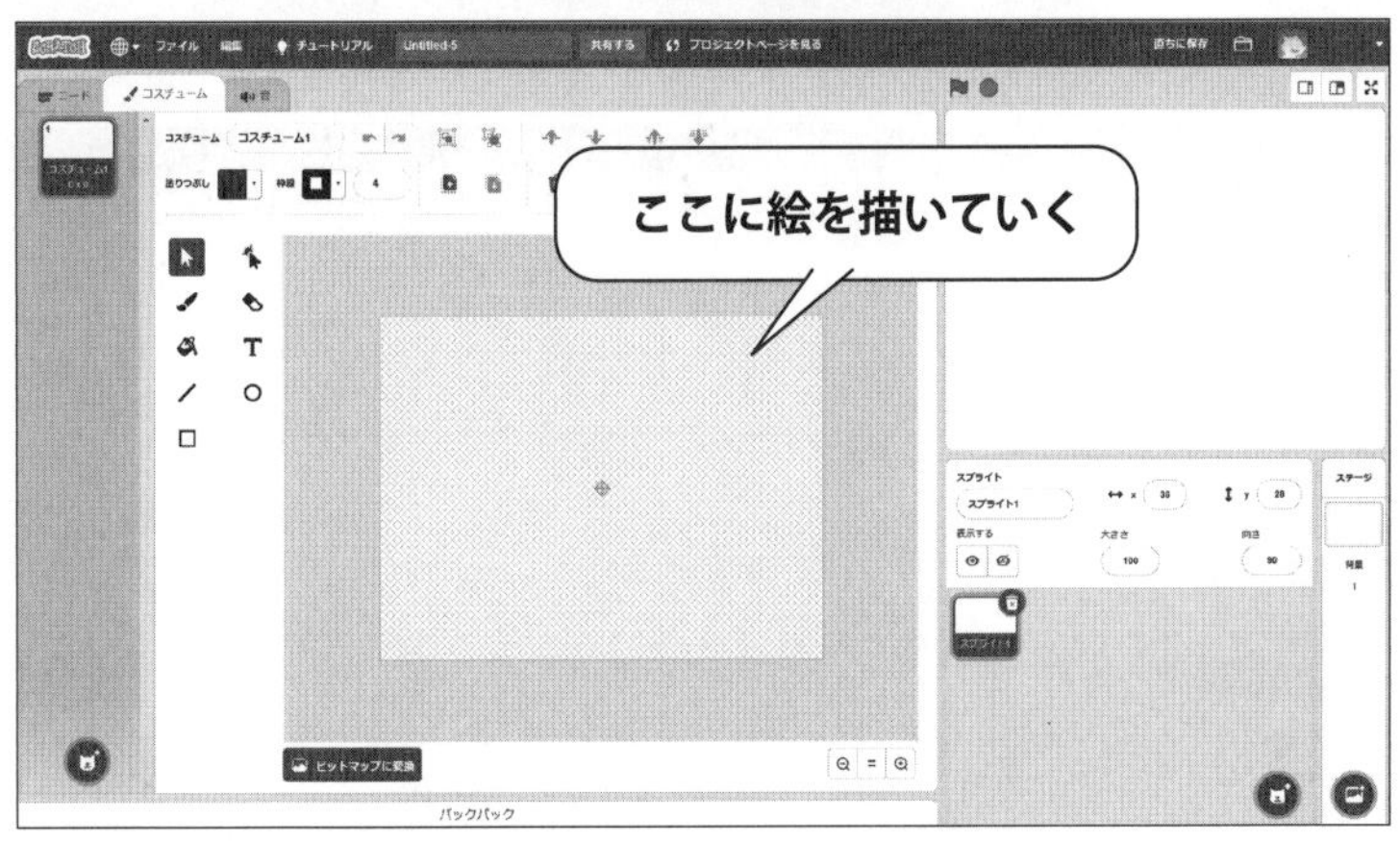

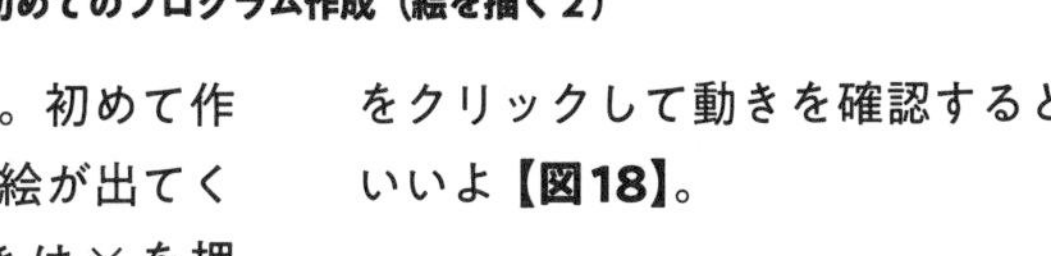

【図16】初めてのプログラム作成（絵を描く2）

【図19】初めてのプログラム作成（データアップロード）

を作ることができるよ。初めて作るときは右下にネコの絵が出てくるので、使わないときは×を押して削除しよう【図14】。

削除したら新しい絵を作る【図15】画像ツールを使いながらなんでもいいので絵を描いてみよう【図16、17】。１つ描いたらコピーして少し修正し、コスチュームをクリックして動きを確認するといいよ【図18】。

ラム：絵を描くのは難しいですね。あとで時間をかけてやっておきます。

らくらく先生：自分で全部描かなくても、インターネット上にあるフリー素材を使うこともできるよ。コンピュータにダウンロードした画像をアップロードすればいいんだ【図19】。もとの画像をコピーして【図20】炎の部分だけ修正して使うこともできるよ。

ログ：音楽の部分はどうすればいいですか？

らくらく先生：このプログラムは終わりがなく繰り返されるので、絵の順番は関係ないことになるね。それじゃあ、どんな絵が描かれているかを見てみよう。コスチュームと書いてあるところをクリックしてほしい**【図9】**。

すると２つの図があることがわかるね**【図10】**。ろうそくの炎だけが変わっている２つの絵を交互に表示することで、ろうそくが揺れているのを表現しているんだ。交互に表示するタイミングが0.5秒だったんだね。

ラム：時間は0.5秒以外にもできるんですか？　実行して調整すればいいのでしょうか？

らくらく先生：そうだね。絵の枚数や表現したい様子によって調整することになると思うよ。

ログ：Web上で絵を描くのは難しくないのですか？

らくらく先生：きれいな絵を描くのはある程度練習が必要だとは思うけれど、まずはチャレンジが大切だ。

ラム：音はどうやっているのですか？

らくらく先生：自分たちの声を録音できるんだ。このプログラムの「registrazione1」は、子どもたちの歌声だよ**【図11】**。

ラム：楽しそうですね。私も早く作ってみたい。

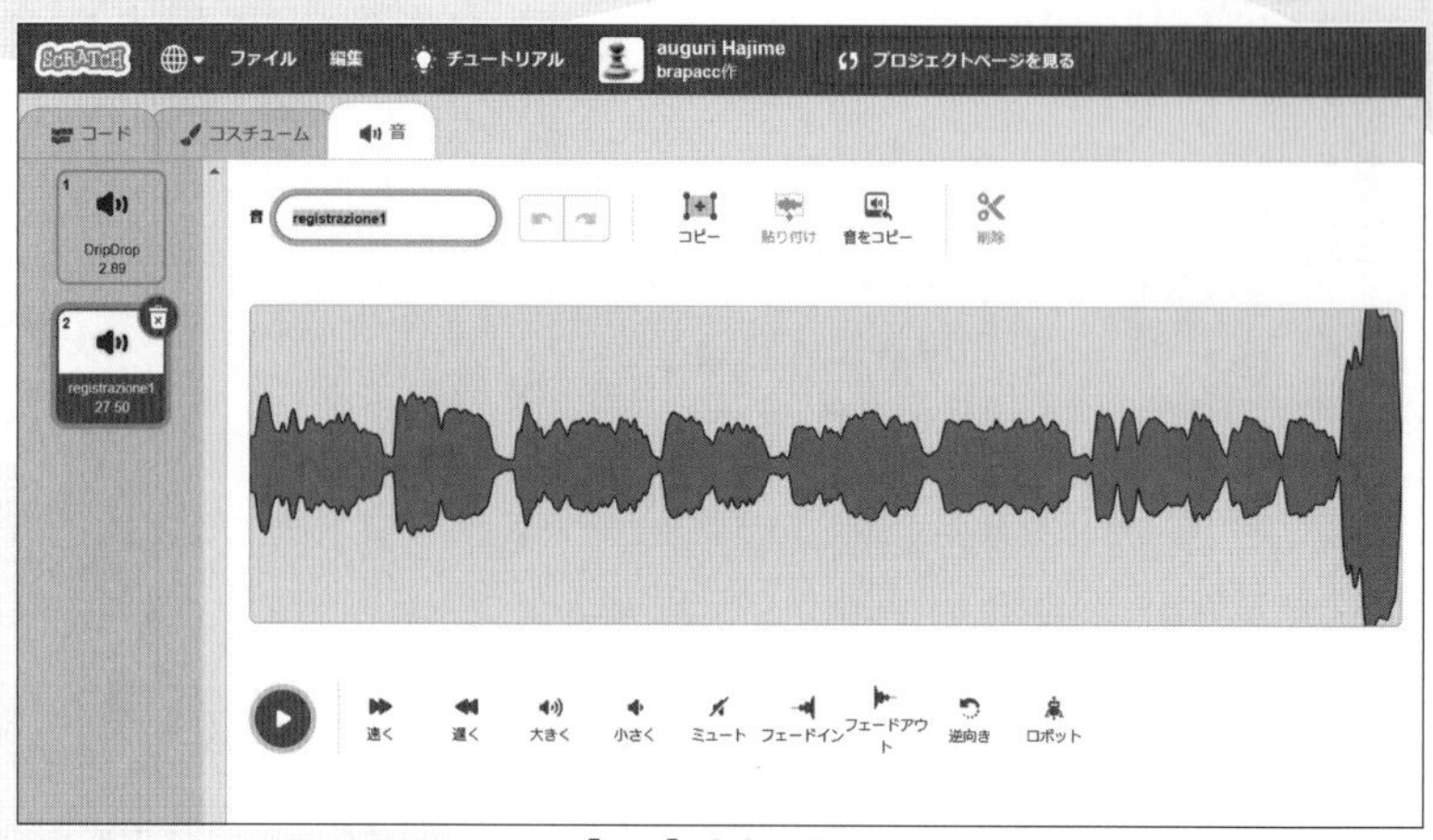

【図11】音楽の説明

【図12】初めてのプログラム作成画面

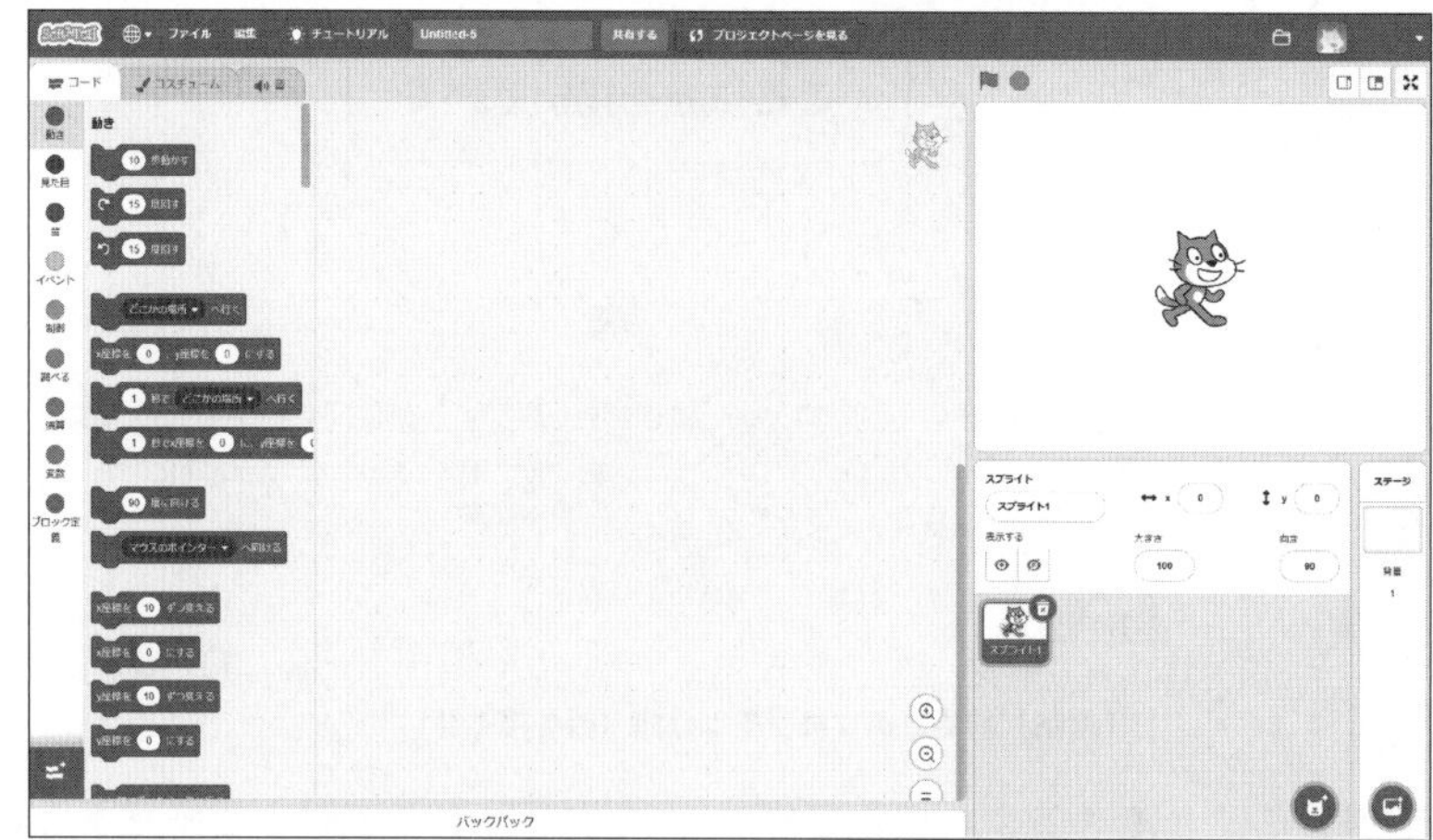

【図13】初めてのプログラム作成（プロジェクトの表示）

Scratchで自分のプログラムを作ってみよう

らくらく先生：それじゃあ、ここまでの説明を確認しながら自分のプログラムを作ってみよう。準備はいいかな？　作り方として、もともとあるプログラムを修正して作るリミックスという方法と、まったく新しいプログラムを作る方法があるよ。今回は１から作る方法をやってみよう。

Scratchに登録して初めて開くと、このページ**【図12】**が出てくる。ここで「作る」をクリックすると、**【図13】**の画面（プロジェクト）が現れるから、このプロジェクトを使って新しいプログラム

77ページ本文につづく➡

このページは81ページから読んでください。

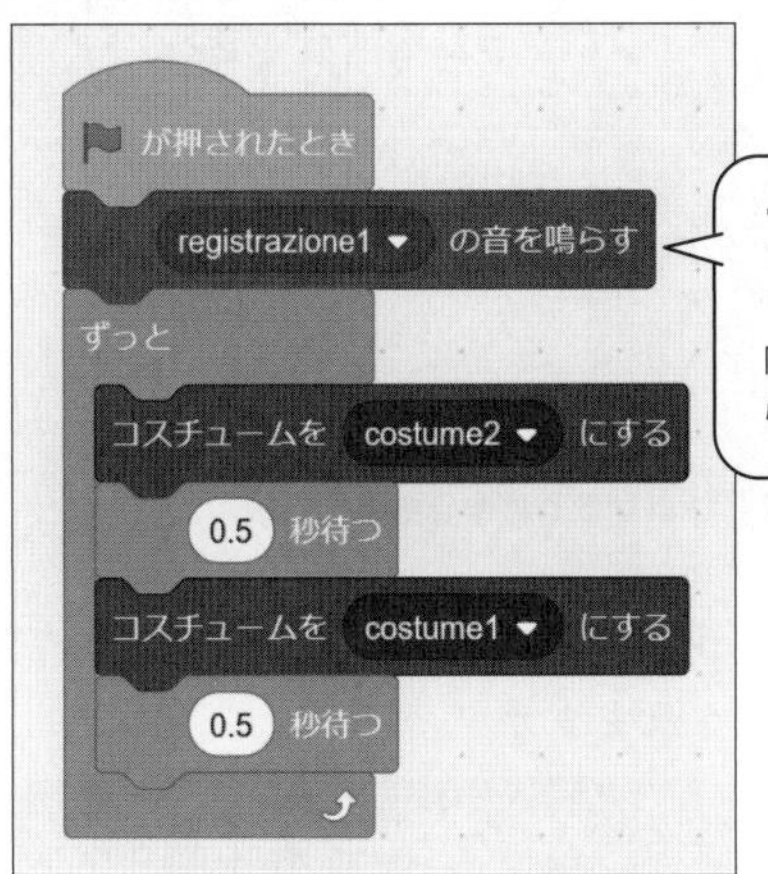

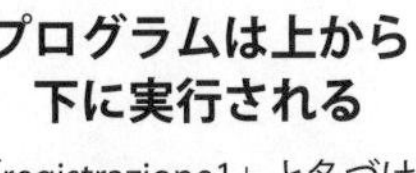

プログラムは上から
下に実行される
「registrazione1」と名づけ
られた音楽が鳴り始める

【図7】プログラムの実行順序

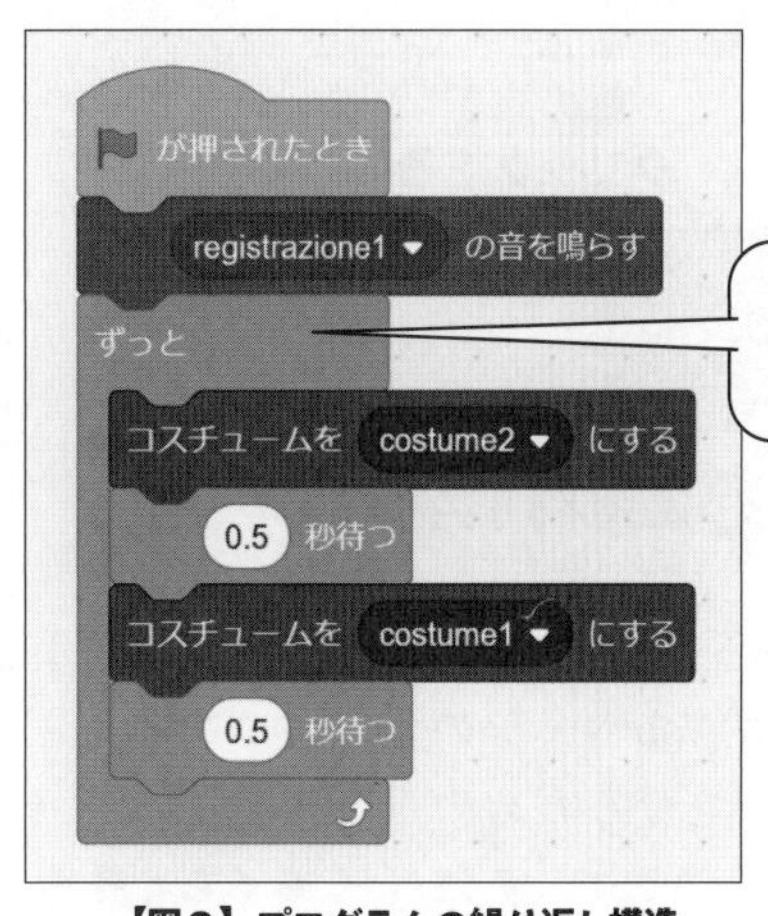

【図8】プログラムの繰り返し構造

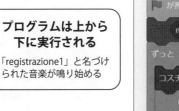

らくらく先生：そう考えてもらっていいよ。プログラムは順番に動くんだったよね。Pythonと同じでScratchのプログラムも上から下へ1つずつ動いていくんだ。

ラム：ということは、次は「registrazione1の音を鳴らす」が動くということですか？

ログ：そうか、きっと「registrazione1」という部分がハッピーバースデーの歌なんですね？

らくらく先生：いい勘しているね。どんな場合も想像しながらやっていくのが大事だったよね。想像した通りだったらその想像が正しいし、違っていたらもう一度考え直せば大丈夫。今回はログさんの想像通りだ**【図7】**。

ラム：次に「ずっと」と書いてありますね。これは繰り返し構造なのかな？

らくらく先生：すばらしいよ。このプログラムでは順次構造と繰り返し構造が使われているんだ。選択構造はないけどね**【図8】**。

ログ：繰り返し構造のなかになにかこれまでに勉強していない言葉が書いてある。「costume（コスチューム）」てなんだ？

ラム：そのあとに0.5秒待って、またコスチュームが出てきているわ。

らくらく先生：コスチュームとは絵や画像のことだよ。ここでは2種類の絵を0.5秒ごとに切り替えて、それを繰り返しているんだ。

ログ：わかってきました。このプログラムではcostume 2の絵を最初に出して、その次にcostume 1の絵を出しているようですが、この順番は問わないということですね。

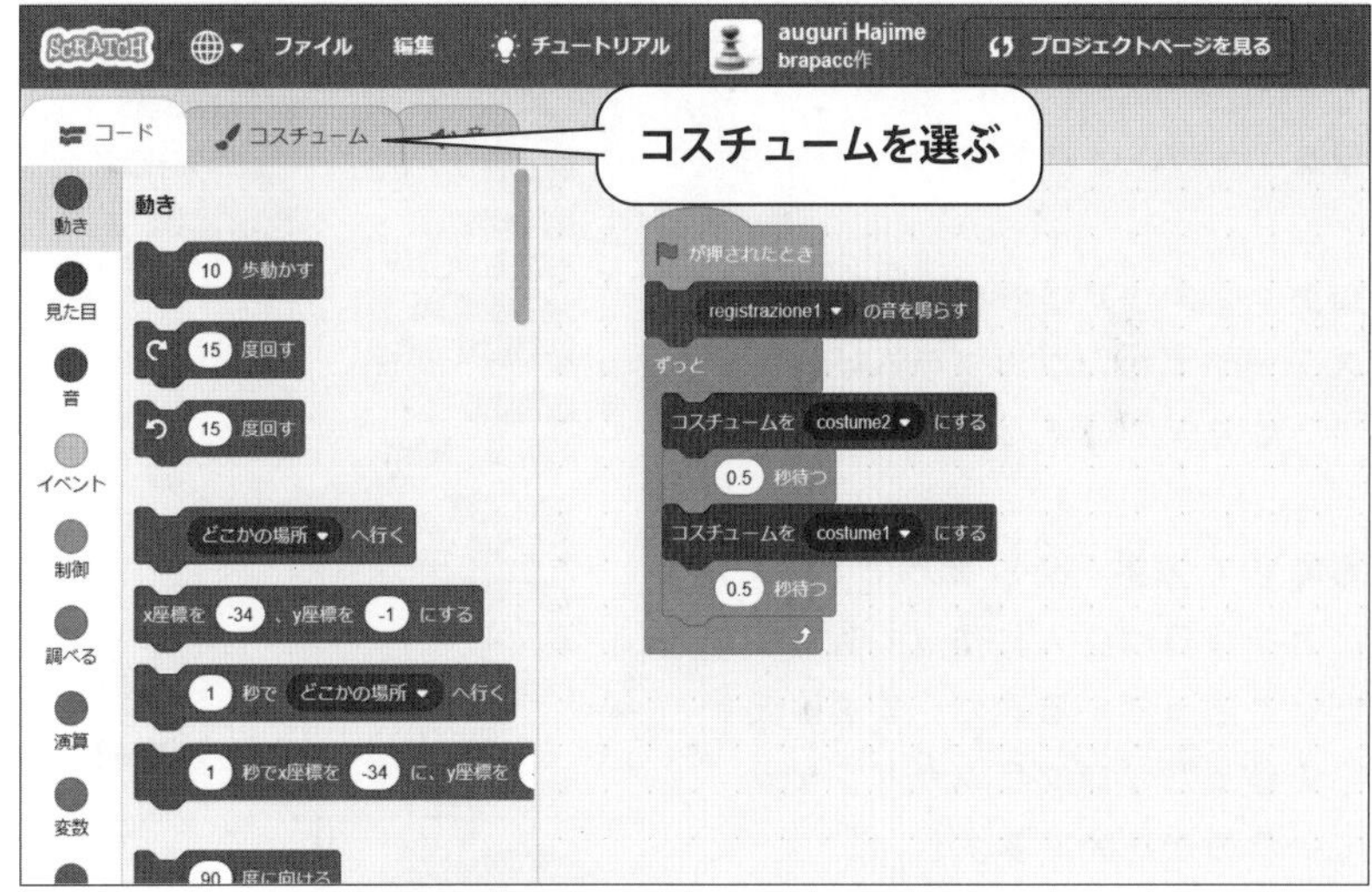

【図9】プログラムのコスチュームを決める

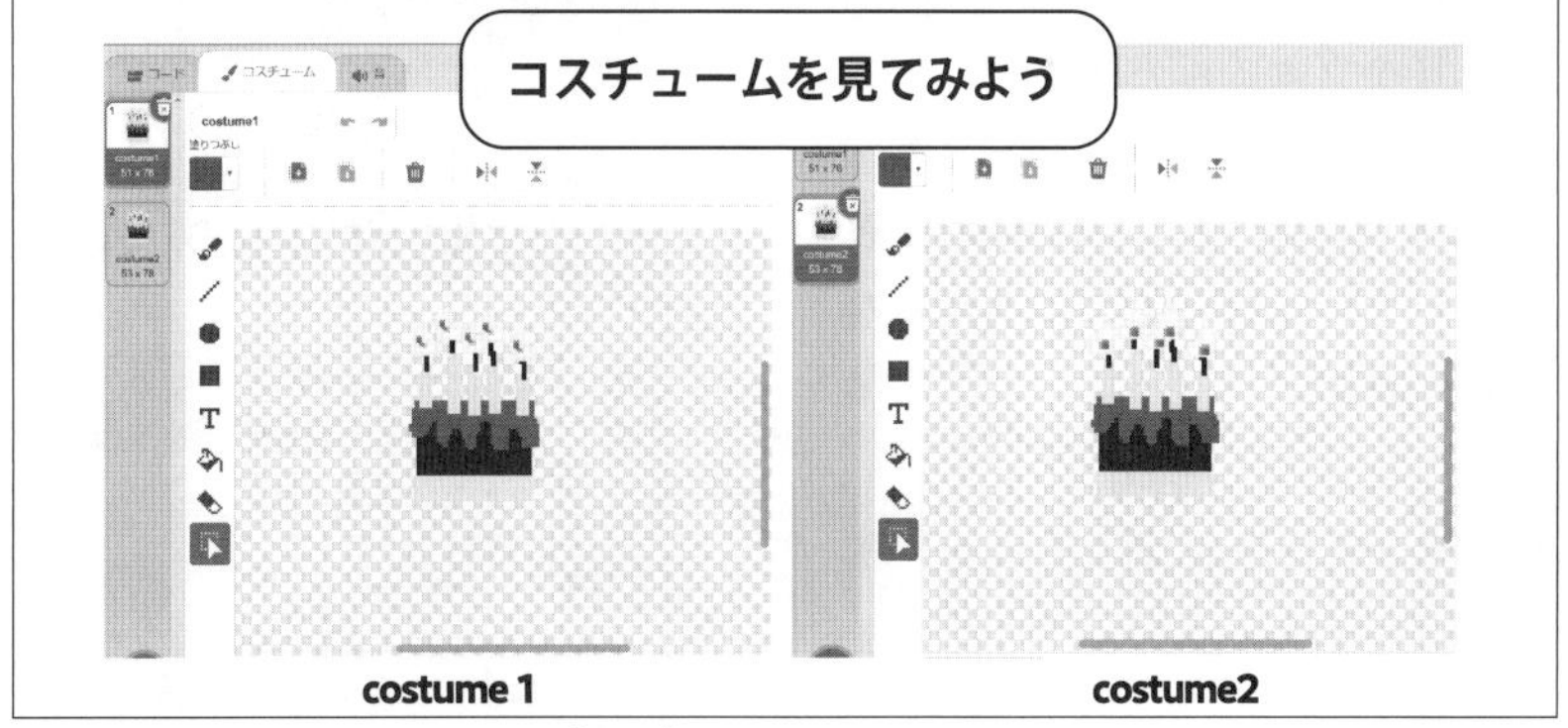

【図10】コスチュームの説明

【図2】緑の旗をクリック

「中を見る」をクリックすると
プログラムを確認できる

【図3】プログラムの中を見る

思う。まだ一度もScratchを使ったことがない人はWebページの【第1回】にScratchを使うための登録方法が書いてあるので、それを見てほしい。これからはScratchに入れるようになっていることを前提にして話していくよ。

まずは【図1】を見てほしい。これはイタリアの知人が、私のために2人の子ども（5歳と7歳）といっしょに作ってくれた誕生日祝いだ。【図2】にある緑の旗をクリックすると誕生日ケーキのろうそくがゆらゆらと動きながら彼らが歌う歌が聞こえてくるよ。

ラム：かわいいですね。

ログ：イタリア語のハッピーバースデーですね。プログラムはどうやってできているんですか？

らくらく先生：楽しそうでしょ。これを今日は2人に作ってもらいたいと思っているんだ。まずは彼らの作ったプログラムがどうなっているのかを見てみよう。

プログラムを見るにはScratchの画面の右上にある「中を見る」をクリックするんだ【図3】。するとプロジェクト全体の様子が表示されるよ【図4】。その中央に表示されている部分がプログラムなんだ【図5】。

ログ：これがプログラムなんですね。

ラム：なにか記号のようになっていますね。

らくらく先生：Scratchではプログラムを書くために文字や数値を入力するのではなく、【図4】の左側に用意されたブロックを中央に移動（ドラッグ&ドロップ）してプログラムを組み立てていくんだ。これだけで絵や音をコントロールして動かすことができるから、でき上がったプログラムがより楽しく感じられると思うよ。

ラム：プログラムを少し説明してくれますか？

プログラムのなかを見てみよう

らくらく先生：そうだね。さっきプログラムを動かすときに緑の旗をクリックしたね。それがこの部分だ【図6】。

ログ：緑の旗をクリックするとこの部分から動き始めるということですか？

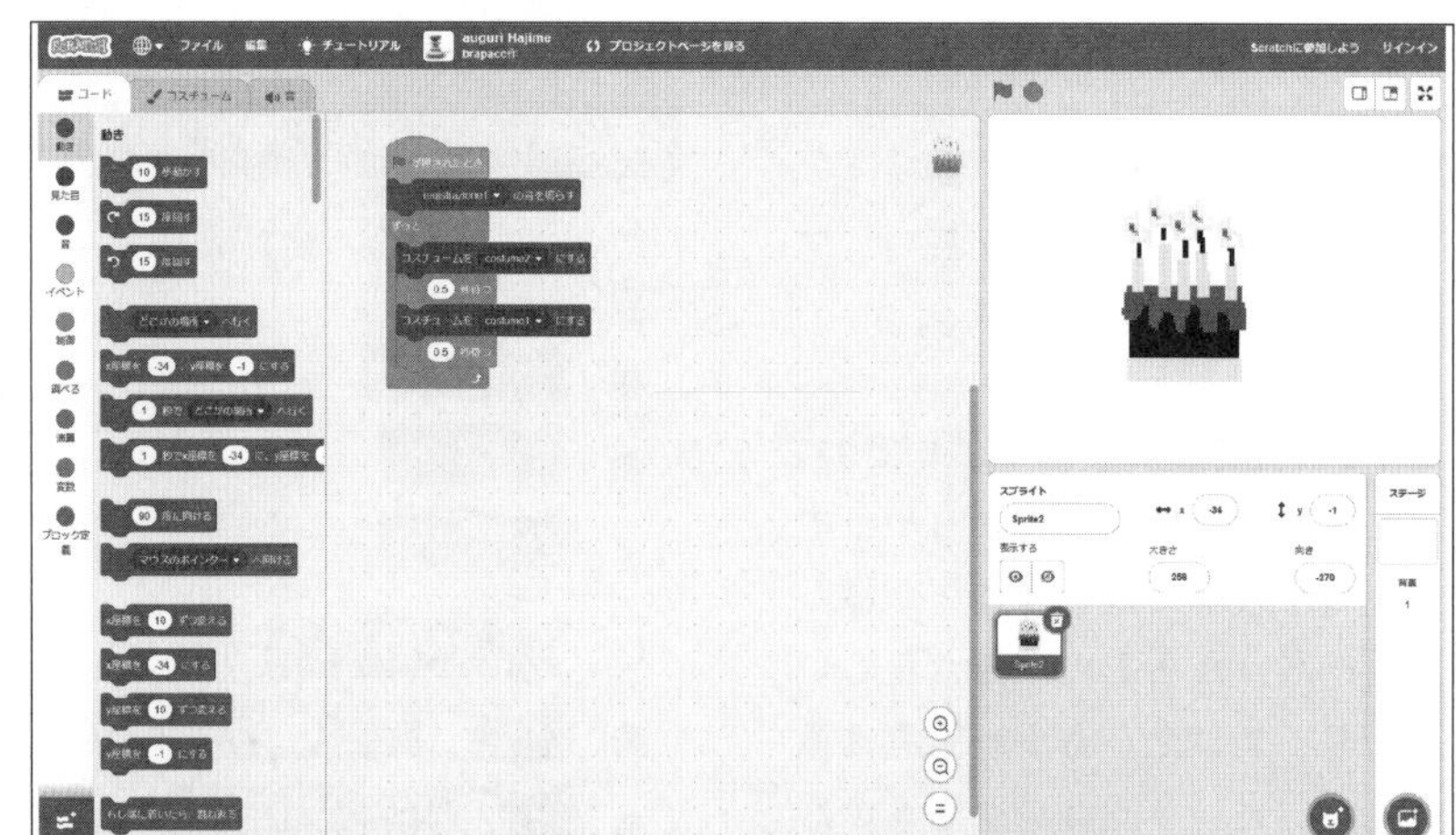

【図4】プロジェクト全体の様子

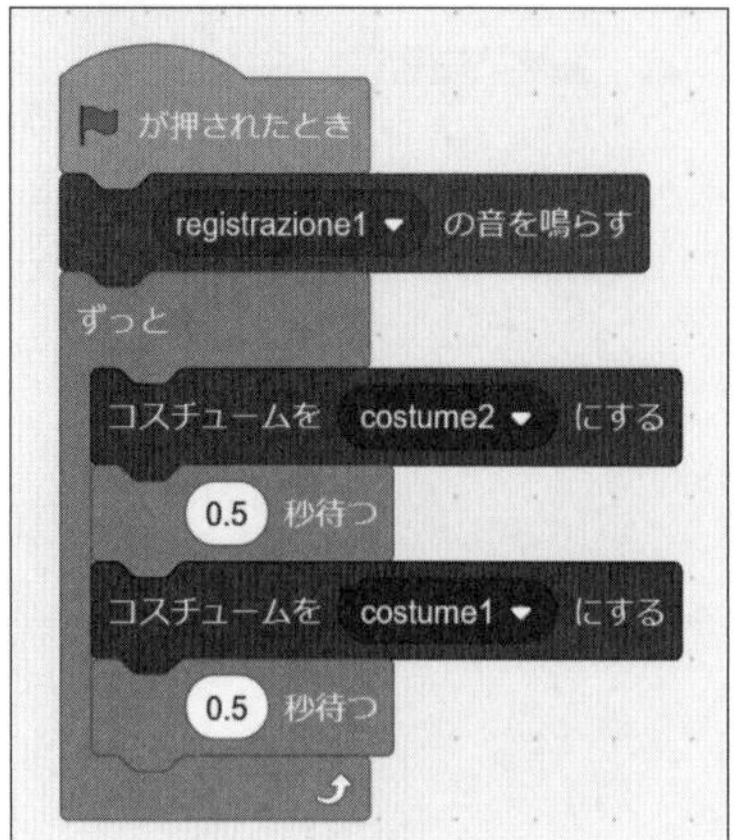

【図5】プログラムの中身

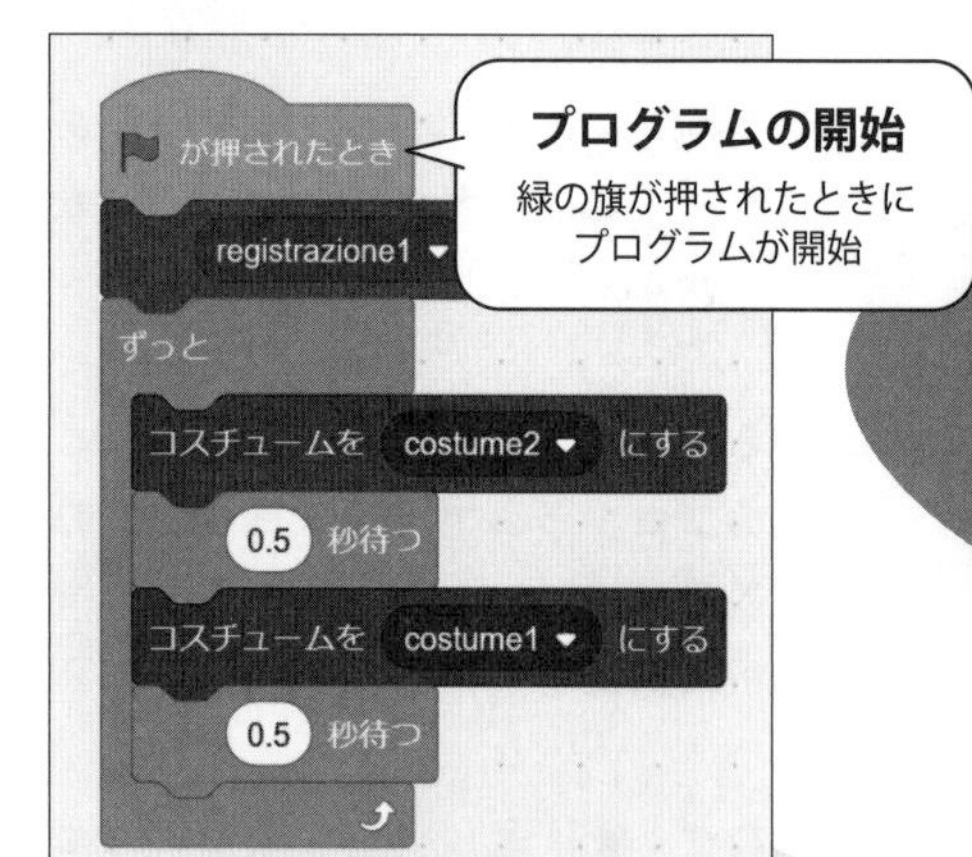

【図6】プログラムの開始

79ページ本文につづく➡

for 中学生
らくらくプログラミング

プログラミングトレーナー　あらき はじめ

第9回

プログラム作りは楽しいって、思えてきましたか。誌面のラムさん、ログくんも、その楽しさがわかってきたそうです。ラムさん、ログくんの疑問に、らくらく先生が答えながら、解説していきますので、みなさんも2人といっしょに楽しみましょう。

解説部分は下のQRコードからWebページの【第8回】に入れば、誌面とリンクした内容で、さらに学びを深めることができます。

URL : https://onl.bz/yFauxqL

あらき はじめ　昨春まで大学でプログラミングを教えていた先生。「今度は子どもたちにプログラムの楽しさを伝えたい」と、まだまだ元気にこの講座を開設。

画像：Turn.around.around/ PIXTA

Scratchを使って楽しくプログラミングをしよう！

らくらく先生：こんにちは。今回も楽しく勉強していこう。いままで色々と勉強してきたので、今回はちょっと違ったことをしようと思う。

ラム：違ったことって、いったいなんですか？

らくらく先生：これまではPythonという言語を使って勉強してきたよね。

ラム：最初はできるか心配でしたが、少しずつ勉強し、覚えていったことで私でもプログラムが作れるようになりました。

らくらく先生：そうだね。3つの構造（順次構造、繰り返し構造、選択構造）をしっかりと理解して、少しずつやっていけばプログラムを動かせることがわかったね。これまで勉強してどう感じたかい？

ログ：まだまだできないことはたくさんあるけど、作ったプログラムが動いたときには本当に嬉しかったし、とても楽しかったです。

らくらく先生：そう、プログラミングはおもしろいんだ。これを2人がしっかりと感じてくれたことは本当に嬉しいよ。そこで今日は、私が感じたプログラムの楽しさをみんなに紹介したいと思います。今回はScratchという言語で作っていくよ。Scratchは、だれでも参加できる無料のWebサイトに登録することで簡単にプログラムが作れるから、いままで勉強したPythonよりわかりやすいし、きっとこれまでの経験が役に立つと

【図1】誕生日のお祝い

Why?  What!

なぜなに科学実験室

身の回りで起こった現象に、「あれっ、不思議！」「なんでこうなるの？」と首を傾げたことって、あったと思います。そんなとき、ただ見過ごしてしまうのではなくて、その場で検索したり、ウチに帰って調べたりすることって、とっても大事です。身の回りに落ちている科学の種を拾い上げることが、科学者の第一歩を踏み出すことにつながりますからね。

この科学実験室は、みなさんの生活のなかで出会う不思議に焦点をあてて、「へぇ〜」を体験していただくために開設されました。

今回は「空気の流れ」の不思議を体験してもらうため、ピンポン球やペットボトル、ドライヤーなどを用意していただきます。

落っこちないピンポン球

みなさん、こんにちワン！「なぜなに科学実験室」の案内役で、みなさんに不思議な現象をご紹介するワンコ先生です。

今回はペットボトルのなかが好きすぎて、なかなか外に出てきてくれないピンポン球の実験だよ。外からいくら強い風を送っても、出てきてくれないんだよね。さあ、なぜだろう？

準備として、ペットボトルをカットする場面があるよ。必ず軍手をして、ケガがないようにしてね。

ワンコ先生

 1 用意するもの

❶ペットボトル
❷ティッシュペーパー
❸ピンポン球
❹ドライヤー
❺軍手
❻ハサミ
❼カッター

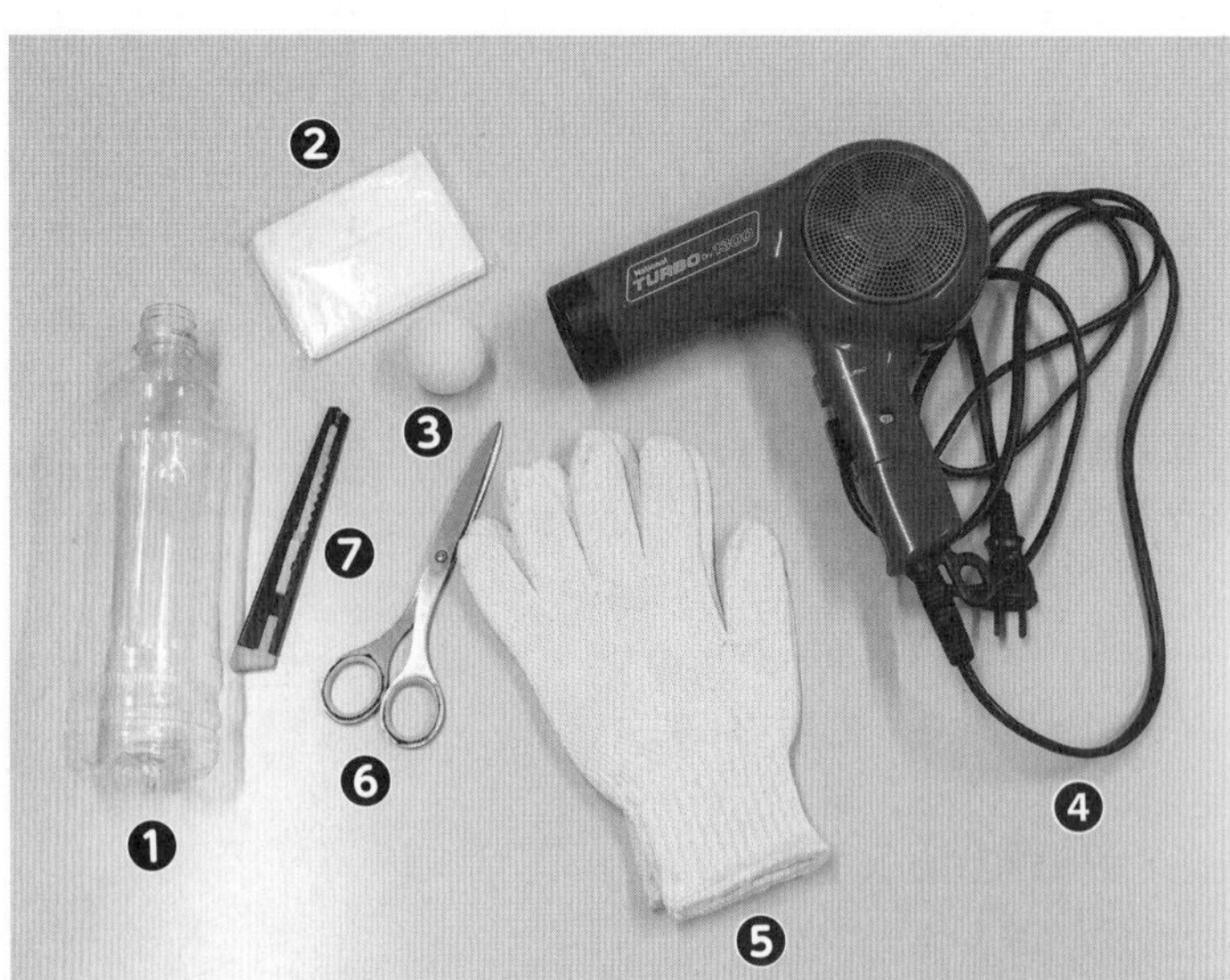

2 ペットボトルをカットして準備

軍手をしてペットボトルの口から8㎝ぐらいのところにカッターで切り込みを入れ、あとはハサミを1周して切り取り、ラッパの形を作ります。カットするとき、また切断面で、ケガをしないように注意します。ラッパのなかに水分が残っているようなら、ティッシュペーパーでふき取ります。

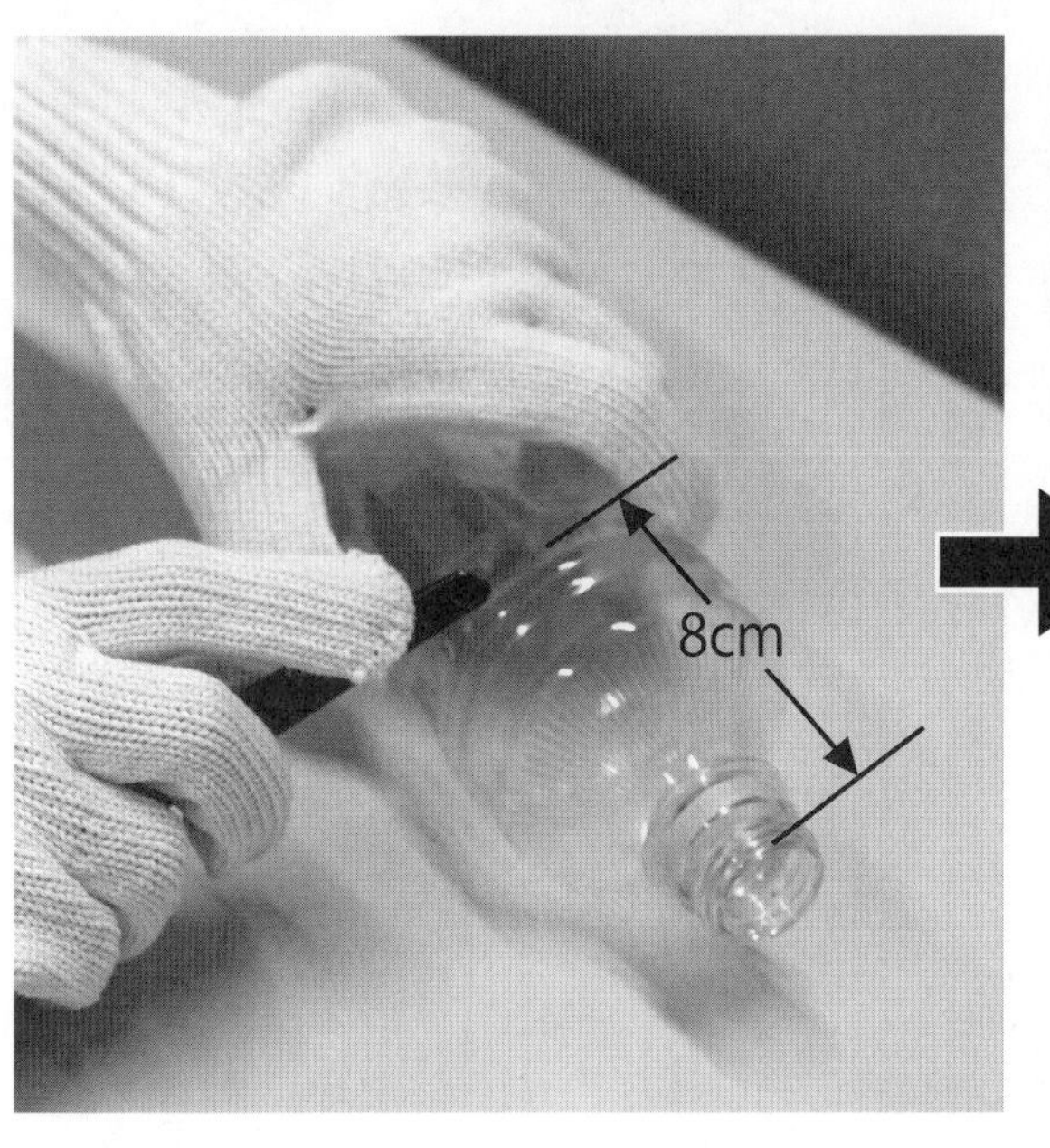

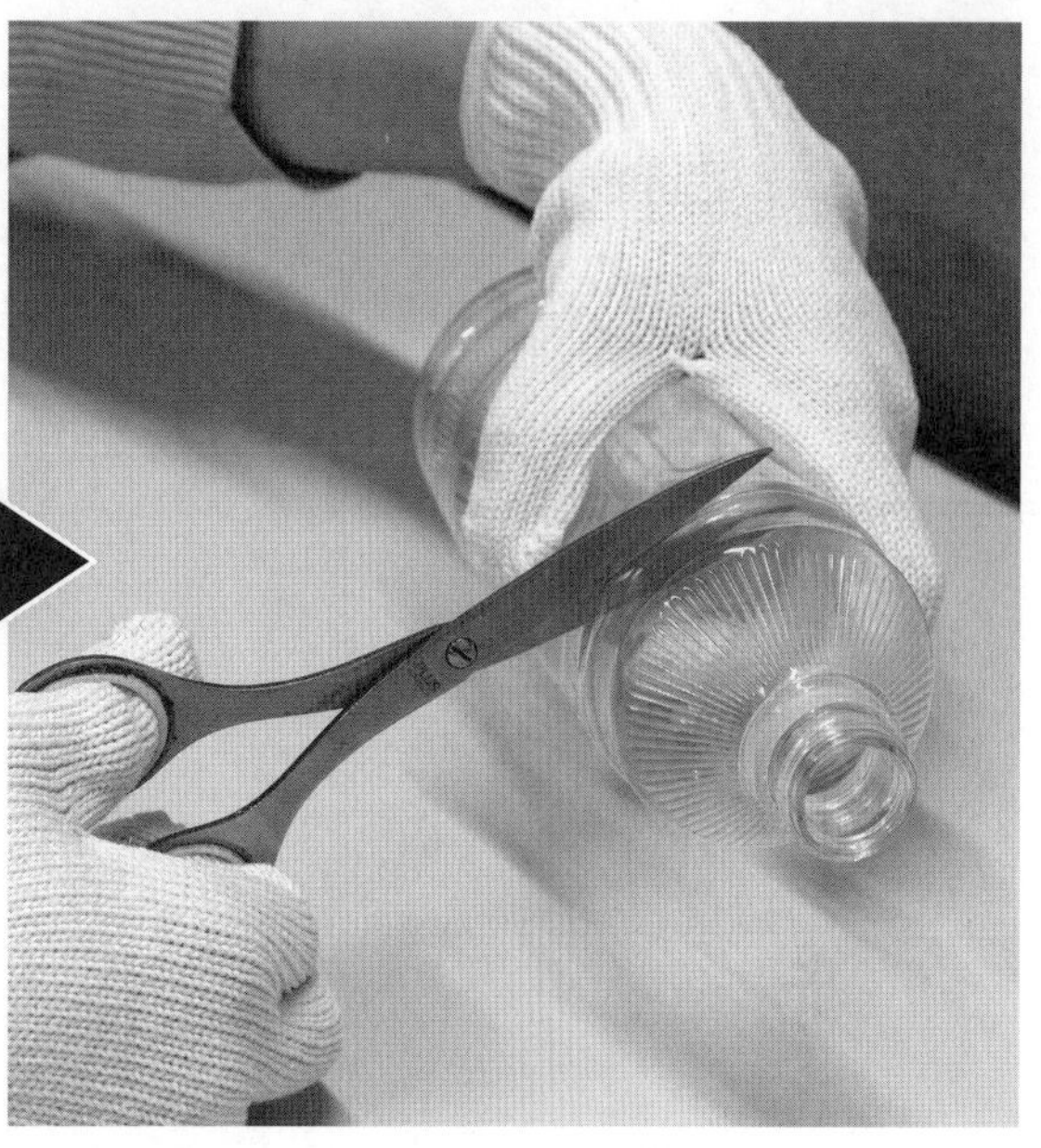

3 ラッパを下向きにかまえる

お友だちの1人が、作成したラッパを下向きにして片手の指でつまみ、かまえます。

4 ピンポン球をなかに入れる

もう片方の手でピンポン球を下向きのラッパのなかに入れ、指1本で上に押しつけます。

ピンポン球を
指1本で上に
押しつけるぞ

㊟ ドライヤーは熱風ではなく冷風で使用します。

5 上からドライヤーをあてる

もう1人がドライヤーを持ち、ペットボトルの口から風を吹き込みます。風量は最強がいいでしょう。

6 押さえていた指をそっと離す

ピンポン球を押さえていた人差し指を、そっと離してみます。

人差し指を
そーっと
ピンポン球から
離すぞ

7 不思議、不思議。ピンポン球は落っこちたりはしません

指を離しましたが、不思議、不思議。ピンポン球はブルブルと震えていますが、落ちたりはしません。

もちろんドライヤーは、空気を吸い込んでいるのではなく、空気を強力に吹き込んでいるだけです。

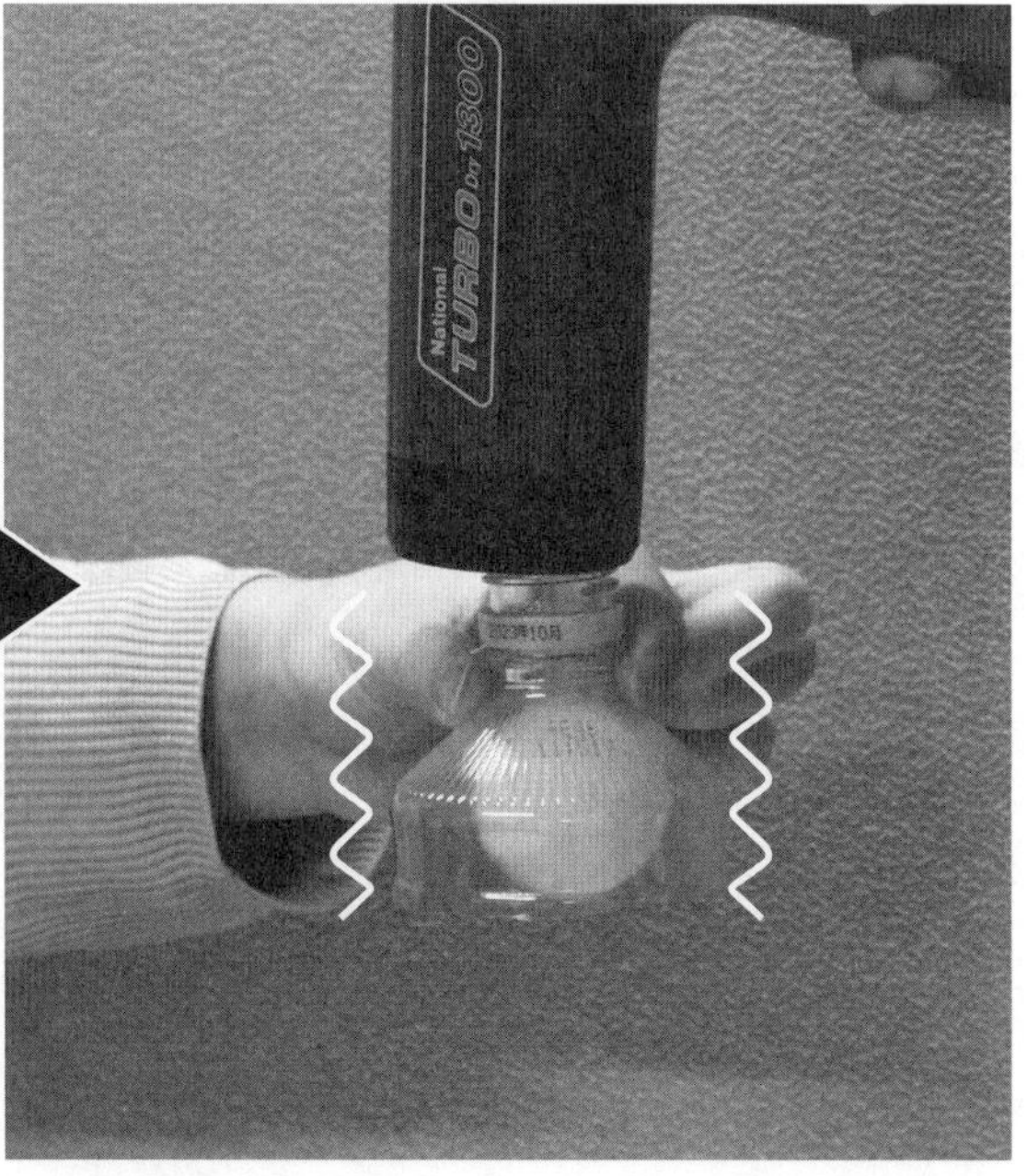

8 うまくいかないときは

ピンポン球がすぐに落ちてしまうなど、うまくいかないときは、まず、ピンポン球を水でぬらしてやってみてください。それでもうまくいかないときは、下のように、もう１つ、同じラッパ状の口を作り、ドライヤーにビニールテープで連結して、吹き出す空気が漏れないようにピンポン球にあてます。

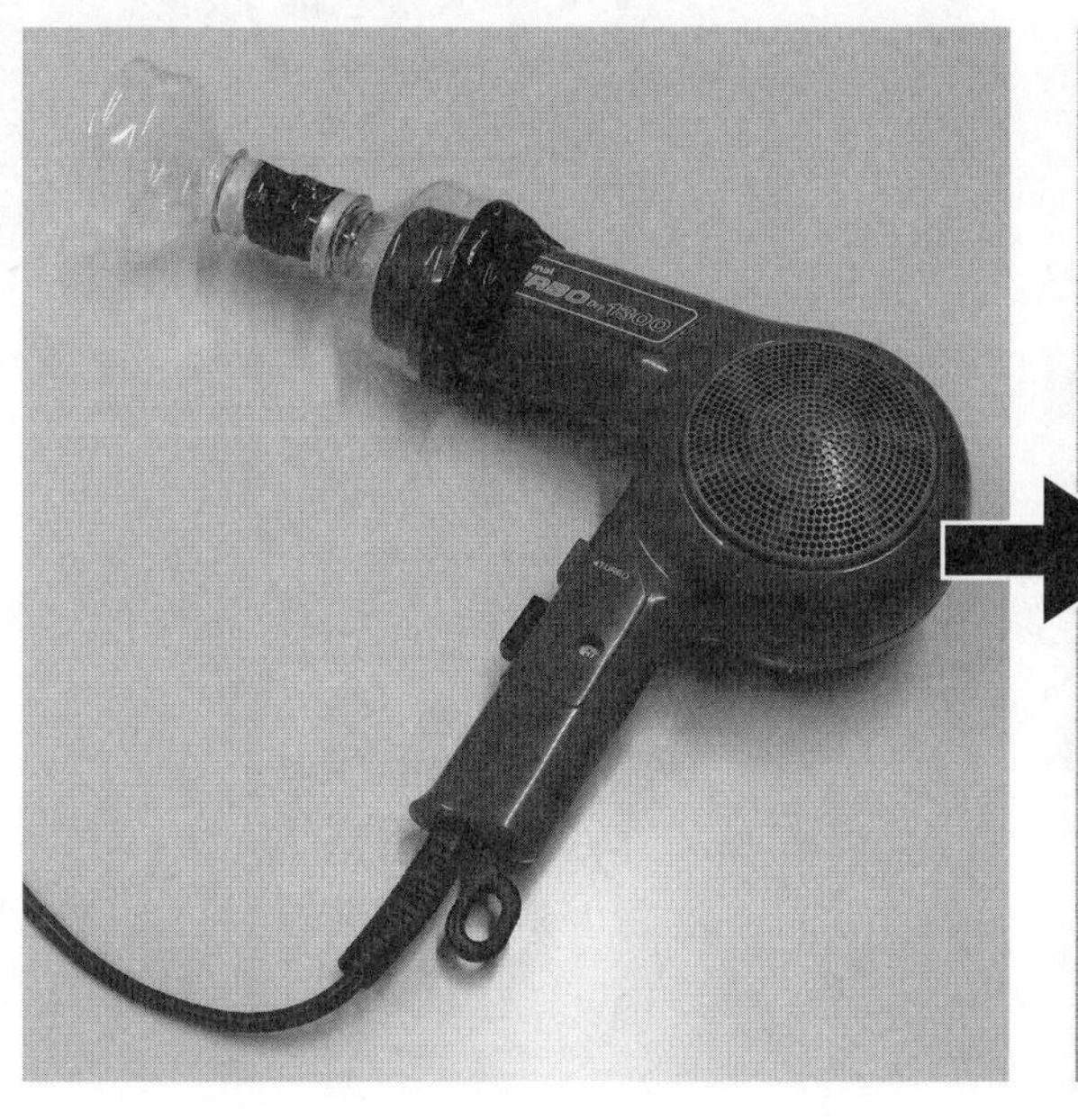

解説

空気の流れから不思議が生まれる

「ベルヌーイの定理」が関係している

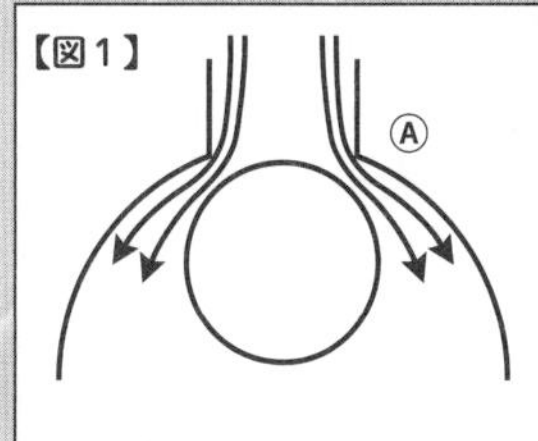

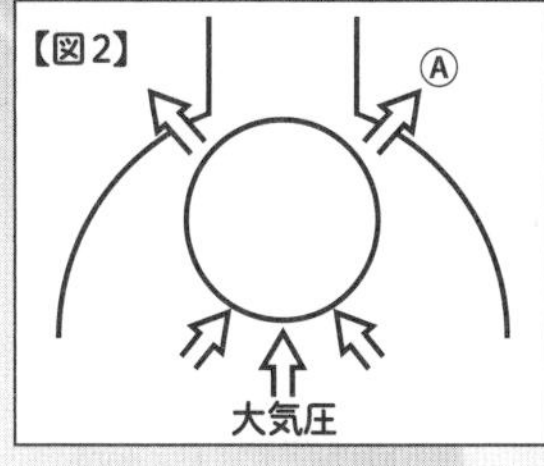

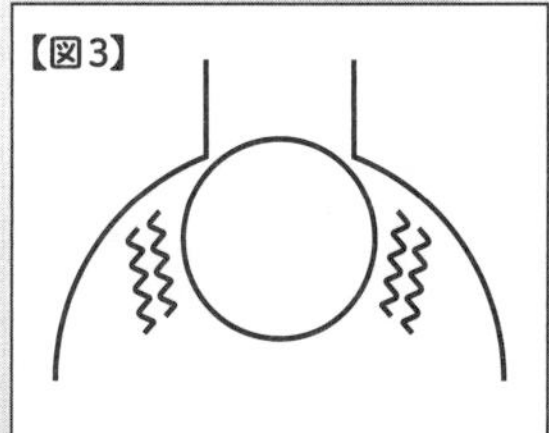

この実験の場合、ピンポン球はなにもしなければ、当然、下に落ちてしまいます。しかもドライヤーによって、空気を下向きに吹きつけているのですから、ピンポン球が下に落ちないのは不思議ですね。

みなさんの実験では、ピンポン球が長時間とどまっていた、という方は少ないと思いますが、短い時間でもブルブルと音をたてて震えながら、その場にとどまっている光景は不思議だったと思います。

この風の向きを逆にしてみるとどうでしょう？　ラッパの部分を上に向けて、なかにピンポン球を入れ、ドライヤーの風を上に向けて吹き込んでみてください。

このとき、ピンポン球は上方に吹き飛んでしまいそうに思えますが、ピンポン球はラッパ状の口にいつまでもとどまり、ブルブルと震えます。

これらの現象は、一般的に「ベルヌーイの定理」で説明されます。ベルヌーイの定理は高校物理で学習するもので、流体（液体や気体）が流れるときに「流体の速度が増すと圧力が下がること」を示しています。

【図1】で、ペットボトルとピンポン球が接近して狭くなっているところⒶを空気が素早く流れます。すると**【図2】**のように、ベルヌーイの定理で、このⒶの部分の圧力が下がり、下側からの大気圧の方が強くなってピンポン球は落ちず、**【図3】**のように空気の通り道であるピンポン球とラッパのすき間が狭くなったり広くなったりするために、ピンポン球はブルブルと震えるのです。

ただ、ピンポン玉の表面を流れる空気の速度ではなく、ペットボトル上部の形状による減圧の方が影響しているのではないかという考え方もあり、さらに詳しく実験をして検証しないと不明な部分があります。

動画はこちら▶

ピンポン球が落ちない様子は、こちらの動画でご覧ください。

そうだったのか！

中学生のための経済学

山本 謙三
オフィス金融経済イニシアティブ代表、前ＮＴＴデータ経営研究所取締役会長、元日本銀行理事。

「経済学」って聞くとみんなは、なにか堅〜いお話が始まるように感じるかもしれないけれど、現代社会の仕組みを知るには、「経済」を見る目を持っておくことは欠かせない素養です。そこで、経済コラムニストの山本謙三さんに身近な「経済学」について、わかりやすくお話しいただくことにしました。今回は、一国の家計簿ともいえる「国際収支表」を詳しくみていきましょう。

国際収支表の読み方を知ろう

今年の初め、「2022年の日本の貿易収支が過去最高の赤字を記録した」とのニュースが伝えられました。私たちの生活は国内だけでなく、外国との取引にも支えられています。では、それらを記録した「経常収支」や「貿易収支」とは、どのようなものでしょうか。

国際収支表４項目の関係とは

一国の国際的な取引を体系的に記録したものを「国際収支表」といいます。国際通貨基金（ＩＭＦ）が定義や作成方法を定めており、各国を比較することで、その国の経済の特徴を知ることができます。国際収支表は「経常収支」「資本移転等収支」[※1]「金融収支」「誤差脱漏」[※2]の４つの項目で構成され、特に注目すべきなのは、経常収支と金融収支の2つです。

経常収支とは、おおまかにいうと海外との経済取引を収入と支出の差で示した項目で、モノ・サービスの輸出入取引や、投資の配当金・利子の受け取りと支払い（受け払い）を記録します。一方の金融収支とは、海外との金融・資本取引の収支を記録する項目で、海外向けの証券発行や外国証券の購入（証券投資）、海外子会社への出資（直接投資）などが表されます。４項目には次の関係があります。

経常収支＋資本移転等収支－金融収支＋誤差脱漏＝０

例えば、製品を輸出すると、その収入が経常収支にプラス（黒字）として計上されます。一方「収入の代わり金」（収入とは売上、給与といった概念的な項目で、その対価であるお金はしばしば「収入の代わり金」と呼称され

※１　対価を伴わない固定資産の提供や債務免除などを記録する項目
※２　統計上の誤差を調整するための項目

ます）は企業から直接、あるいは銀行などを経由して外国への預金や証券投資などに振り向けられるため、金融収支のプラスに計上されます。このため、式に当てはめるとゼロになるわけです。2022年の実績は、経常収支が11・5兆円の黒字、資本移転等収支が0・1兆円の赤字、金融収支が6・5兆円の黒字、誤差脱漏が4・9兆円の赤字でした。

経常収支の内訳は様々

経常収支はさらに、①貿易収支（15・7兆円の赤字。以下、カッコ内は昨年の実績）、②サービス収支（5・4兆円の赤字）、③第一次所得収支（35・2兆円の黒字）、④第二次所得収支（2・5兆円の赤字）に分かれます。

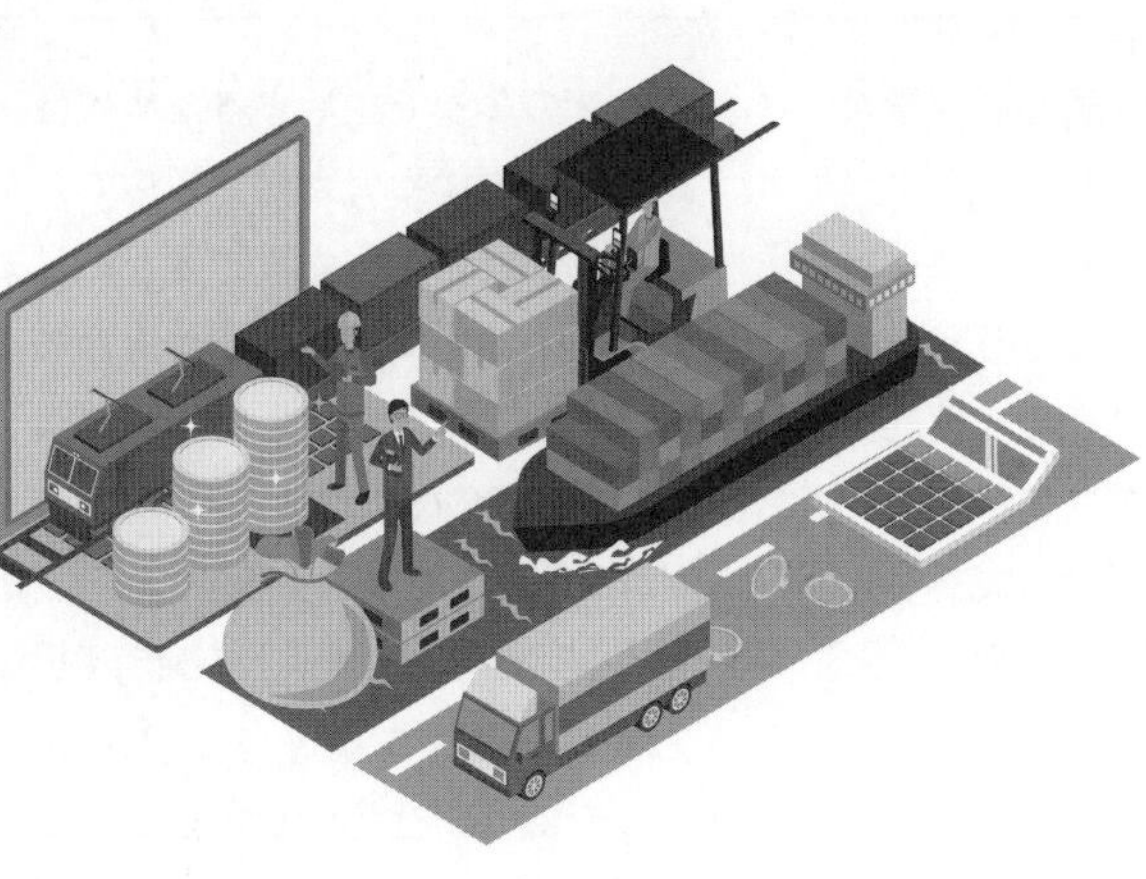

© 阿部モノ /PIXTA

「貿易収支」はモノの輸出入の差額を示します。輸出が輸入を上回れば貿易黒字、輸入が輸出を上回れば貿易赤字と呼ばれます。

日本の貿易収支は1960年代後半からほぼ一貫して黒字を続けていましたが、工場の海外移転などが進んだ結果、2010年代には輸出が減少し、貿易黒字も縮小しました。さらに昨年は、ロシアによるウクライナ侵攻をきっかけとする原油や穀物などの価格高騰から輸入金額が増え、統計開始以来最大の貿易赤字を記録しています。

「サービス収支」はサービス取引の収支を記録する項目で、海外渡航者や訪日客のホテル代や飲食代のほか、著作権の使用料などもここに含まれます。日本のサービス収支は一貫して赤字が続き、最近は通信・コンピューター関連のサービス利用料の支払いなどが増えています。2010年代には訪日客が増え、サービス収支はいったん赤字が縮小しましたが、2020年以降はコロナ禍に伴う訪日客の減少から、再び赤字が拡大しました。

「第一次所得収支」は投資の配当金・利子等の受け払いを、「第二次所得収支」は無償の資金援助など、対価を伴わない受け払いを記録します。最近20年間で劇的に変わったのは、第一次所得収支の黒字拡大です。長く経常収支の黒字が続いた結果、海外株式投資や外債投資が増えて配当金・利子の受け取りが増えたのです。また2010年代からは、海外子会社の業績好調が反映され、第一次所得収支の黒字を押し上げています。

現地生産への移行を映す国際収支

日本では、現地生産への移行が進むにつれて貿易黒字が急減する一方で、第一次所得収支がこれを補い、経常収支の黒字が維持されてきました。現地生産への移行は、国内の人口減少を見越した企業の動きもかかわっているため、経常収支の黒字が維持される限り、よし悪しの判断はできません。「貿易赤字＝悪」という一面的な見方は適切ではないのです。

ただし将来的に経常収支が赤字となり、それが長く続くようであれば、いずれは外国からお金を借りなければならなくなります。先ほどの式にあるように、経常収支の赤字は、金融収支の赤字、すなわち証券発行などによる資金の調達で相殺しなければなりません。この方法も、日本の信用力が高いうちは問題ないでしょう。しかし巨額の経常収支の赤字が続いて信用力を失えば難しくなります。私たちはつねに新しい知識や技術を身につけ、国際競争力を維持できるよう努めなければなりません。

淡路雅夫の

中学生の味方になる子育て 第8回
楽しむ 伸びる 育つ

profile 淡路雅夫（あわじ まさお） 淡路子育て教育研究所主宰。國學院大学大学院時代から一貫して家族・親子、教育問題を研究。元浅野中学高等学校校長

18歳成人制になったいま考えるべきこととは

今回は、「18歳成人」と子どもの教育についてお話しします。

昨年４月、民法が改正され成人年令が20歳から18歳に引き下げられました。

これによって、18歳になれば選挙権が与えられ、大人と同様、国民の１人として政治に参加できるようになったのです。

また、商取引についても親の承諾がなくても、様々な契約ができるようになりましたが、一度契約を結んだら基本的には、それを取り消すことはできなくなりました。民法改正前なら未成年者が親の同意を得ずに契約した場合には、「未成年者取消権」によって、その契約を取り消すことができたのです。

そして女性は16歳、男性は18歳になってからという婚姻開始年齢についても、男女平等の原則に基づいて、女性の結婚可能年齢が16歳から18歳に引き上げられ、男女とも18歳になれば親の同意がなくても法律上の結婚ができるようになりました。

18歳で成人となり、その責任も重くなったことで、なかには、果たして成人として政治に参加して、消費者として生活できるだろうかと不安やとまどいを感じている若者も少なくありません。

「18歳」そのときまでに身につけておくべき学び

そこで子どもが18歳となったときに、成人として主体的に行動するための準備として、最低限必要な学びについてお話しすることにします。

大人として必要なことは、単に選挙のために投票所に行ったり、自分でカードを作って買いものや契約をしたりすることではありません。

子どもから18歳の若者に成長したとき、人々の生活の課題を考え、どのようにしたら豊かな生活ができるようになるか。あるいは、工夫や改善を実行することができるかなど、責任を持って行動できるか否かが重要なのです。

将来の社会を生き抜く３つの基本的な能力

そのようなことができる成人になるために必要なこととして、３つの基本的能力が考えられます。

１つは、子どもの「人間力」を育てることです。それは自分で「気づく力や考える力、行動する力」です。

学校の授業だけでなく、子ども自身の生活から周囲の課題に気づいたり発見したりする力です。そのうえで問題の解決に向けて、自分で考え創造する力を養い、勇気を持って実践してほしいのです。

現代社会には、過剰な情報があり、多様な環境のなかで生活しなければなりません。したがって、どのように生活し行動をするか、他人に拘束されずに自己や他者の幸せを考えながら判断し決断する、社会人としての基本的な知識や知恵も育てておかなければならないのです。

２つ目は、「社会人力」です。人は、お互いに支えあって生きています。社会の規範が崩れ出しているいま、そのなかで生活するためには、異なった環境や考え方も認めて、そこから学び、力にする必要があります。そのためには、色々な人との出会いが重要になります。

少子化の影響やグローバル社会の流れから、ますます多様化は進み、価値観や文化の異なる人との交流や協働生活の必要性が高まっています。

このように社会が変化しているのに、若者からは現在でも対人関係が不得手だという声が多く聞かれますから、日常生活を通して対人関係を学び、円滑な人間関係が営めるように育てておく必要があります。

３つ目は、成人としての柔軟な「ものの見方・考え方」です。先を見通すことが難しい社会で生活する子どもには、日常生活は「思うようにいかなくても当たり前」という意識を育てることも必要です。

現代っ子の多くは、寄り道をせず成功するためにはどのように進めばよいかと、近道を探しています。

障害物は親が取り除いてきたため「物事はうまくいくもの」と思っているのです。その結果、打たれ弱く、失敗するとストレスを抱えモチベーションを下げてしまいます。

将来、思うようにはいかないことも起きる社会状況で生活するには、打たれ強さと逞しさが要求されます。

子どもたちにはどのような状況でも、つねに挑戦する姿勢を促し、物事を前向きにとらえ自分らしくポジティブに対応できるよう育てましょう。そのためには完璧主義ではなくベストよりベターを重視する意識の転換も、いまの時代には必要です。

〈つづく〉

PICK UP NEWS
ピックアップニュース！

就任記者会見を行う植田和男日銀総裁（2023年4月10日　東京・日本橋本石町の日銀本店）写真：時事

今回のテーマ

日本銀行総裁交代

日本銀行（以下、日銀）の新しい総裁に学者出身の植田和男（うえだかずお）氏が起用されることになり、国会の承認を経て4月に就任しました。

戦後の日銀総裁は財務省（旧大蔵省）と日銀出身者でほぼ占められていましたが、学者出身の総裁は初めてです。植田新総裁は1951年生まれの71歳。東京大学を卒業後、アメリカのマサチューセッツ工科大学で博士号を取得しています。

日銀のおもな仕事は市中に出回る通貨の量を調節したり、金融機関に貸し出す金利を決めたりして、物価を安定させ、景気を持続的に向上させることです。その長たる総裁は年に8回開かれる金融政策決定会合の議長として金融政策をとりまとめ、また記者会見などを通じて金融政策を国民に発信します。さらに主要先進国が集まるG20財務相・中央銀行総裁会議に出席して、情報を交換するとともに、日本の情報を国際的にアピールすることも大きな仕事です。

戦後は1998年の新日銀法施行までは旧大蔵省出身者と日銀出身者が交代で総裁を務めてきました。2013年に就任した黒田東彦（くろだはるひこ）前総裁は長引くデフレに終止符を打つため、「異次元の金融緩和」と銘打ってマイナス金利政策を実施、世界初の長期金利誘導目標を設定しました。金利をマイナスにすることで、資金の循環を促進し、景気を上向かせるのが狙いです。

日本は「失われた30年」といわれるように長く景気の低迷が続き、賃金も物価も上がらないデフレ状態におちいっています。黒田氏は過去最長の10年間総裁を務め、「2％の物価上昇目標」を設定しました。植田氏も1998年から7年間、日銀の審議委員を務め、「異次元の金融緩和」政策の理論づけをしてきました。

しかし、こうした政策でデフレを脱却できたかというと、必ずしも成功したとはいいがたいのが実情です。また、この政策が円安の原因となったのも事実です。

日銀の政策には物価、金利、景気、為替など、私たちの暮らしに大きな影響を与えるものがたくさんあります。このため植田新総裁には、「異次元の金融緩和」を続けるのか見直すのか、という問題も含めて高い判断力が求められることになります。

ジャーナリスト **大野 敏明**
（元大学講師・元産経新聞編集委員）

思わずだれかに話したくなる

名字の豆知識

第33回

都道府県別の名字 今回は

埼玉

埼玉の名字と坂東武者の存在

江戸に近い立地 埼玉県の名字を探る

埼玉県の県名は設置当時に県の中央を占めていた埼玉郡からきています。埼玉は本来「さきたま」と呼ばれ、現在の行田市埼玉に5～7世紀の古墳群があり、ここから多くの勾玉が出土したことから名がつきました。「さきたま」が「さいたま」と変化したのです。

埼玉県は、江戸時代から農産物の多くを江戸に供給し、また江戸の武家屋敷や大店の商家に多くの人を送り込みました。このため、田畑は決して肥沃ではありませんが、富裕な階級が育ち、また江戸とのつながりが深く、とくに戦後は東京のベッドタウンとして発展しました。

埼玉県の名字ベスト20です。

鈴木、高橋、佐藤、小林、斎藤、田中、渡辺、新井、中村、加藤、吉田、伊藤、金子、清水、松本、山田、山崎、木村、山口、関根です。このうち全国ベスト20以外は新井、金子、山崎、関根の4姓。新井と金子は群馬県の回でみたので、山崎と関根について調べてみましょう。

山崎は全国21位で約47万6000人のうち、埼玉県は17位で約3万4000人が居住しています。埼玉県の山崎は武蔵国多摩郡山崎（現・東京都町田市山崎、山崎町）発祥と考えられます。この山崎氏は武蔵七党の1つ、横山党の分流、野部義兼の子、兼光が山崎を領して、山崎を名乗ったのが始まりとされています。

関根は埼玉の固有姓といってもいいぐらいです。全国で250位ですが、埼玉県では20位で、全国の関根さんのおよそ3人に1人が埼玉県に在住しているといえます。行田市には関根という大字があります（新人物往来社『別冊歴史読本 日本の苗字ベスト10000』より。ただし全国の山崎姓人口のみ「名字由来net https://myoji-yurai.net/」より参照）。

武蔵国の武士集団 武蔵七党とは

武蔵七党について説明しましょう。武蔵七党は平安末期から室町初期にかけて、武蔵国に存在した7つの小規模武士団のことで、諸説ありますが横山、猪俣、野与、村山、児玉、西、丹の7つの党といわれています。関東では承平・天慶の乱で平将門が敗れて以来、大規模な武士集団が育たず、七党になったと思われます。

横山党と猪俣党は小野篁の子孫ということになっています。小野篁は遣隋使、小野妹子の5代の子孫です。妹子は敏達天皇の孫です。篁は学者、漢詩人、歌人、政治家として有名ですが、じつはあの世とこの世を行き来した人物といわれ、彼があの世とこの世を行き来したとされるのが、京都府京都市東山区にある六道珍皇寺の井戸です。その7代子孫の孝泰の長男、義孝が武蔵国多摩郡横山（現・東京都八王子市横山町、元横山町）を領して横山を名乗りました。義孝の弟、時資の子、時範は武蔵国那珂郡猪俣郷（現・埼玉県児玉郡美里町猪俣）を領して猪俣を名乗りました。

野与党と村山党は平良文の子孫ということになっています。平良文は桓武天皇の4代の子孫で、平将門の叔父にあたります。村岡を名字にしたこともあります。その孫が千葉介の千葉忠常。その曾孫兄弟の兄が野与党の祖、野与基永。弟が村山党の祖、村山頼任です。村山は武蔵国多摩郡村山郷（現・東京都東村山市、武蔵村山市）を領して名字になりました。

児玉党は藤原遠峯を祖としています。この藤原遠峯という人、どこの藤原氏なのか不明です。遠峯の次男が武蔵国児玉郡（現・埼玉県児玉郡）を領して児玉を名乗りました。

西党の祖は西宗頼です。西宗頼の素性はよくわかりません。西の名字の由来も不明です。

丹党の先祖は第28代宣化天皇ということになっています。宣化天皇の子、上殖葉皇子の子、十市王の子、彦武王の子、島が臣籍に降下し、その10代の子孫、峯信が桑名を名乗り、その5代子孫、武平から丹党になったとされています。

坂東武者たちの一所懸命の地

これ以外で埼玉県に多い名字です。

本橋は所沢市を中心とした埼玉県中南部に多い名字です。野本は武蔵国比企郡野本郷（現・埼玉県東松山市）から出た名字です。高見沢は県中部から北に多い名字です。渋沢栄一でおなじみの渋沢も埼玉県に多い名字です。

埼玉県は関東の中心で、平野部が多く、平将門以来、坂東武者の蟠踞したところですが、源頼朝が鎌倉に幕府を開き、そのお膝下として多くの御家人が居をかまえました。武蔵七党のような土着豪族が栄え、田んぼごと、畑ごとに名字ができ、その所領を守るために領主はその名字を名乗り、「一所懸命」という言葉も生まれました。

埼玉の県名の由来にもなった埼玉古墳群

坂東武者も古墳に登ったかも？

稲荷山古墳

丸墓山古墳

ミステリーハンターQの
タイムスリップ歴史塾

新選組

今回は、幕末の日本で存在感を示した新選組がテーマだ。いまでも様々なメディアで取り上げられ、人々を引きつける新選組について勉強しよう。

勇 今年は新選組が結成されて160年なんだってね。

MQ 1863年に浪士組が結成され、その年の夏ごろに新選組と名前を改めたんだね。

静 新選組の前は浪士組って名前だったのね。浪士組はなぜ結成されたの？

MQ 1853年、アメリカのペリーが浦賀に来てから、国内は騒然となって、とくに京都では藩を離れた反幕府系の浪士が暗殺事件などを起こして治安が悪化していたんだ。

勇 幕府はなにか手を打ったの？

MQ 幕府は新たに京都守護職を設け、会津藩に治安維持を命じ、それとは別に江戸で浪士組を結成して、直接取り締まりをさせることにしたんだ。

静 浪士組は最初は江戸で結成されて、その後京都に赴いたのね。

MQ でも、浪士組のやり方に反対が出るなどして、人数が厳選され、名前も新選組になって会津藩の預かりという形になったんだ。

勇 新選組は京都の治安維持に活躍したの？

MQ 有名なのは池田屋事件だね。過激派の浪士が強風の日に京都に火を放って、孝明天皇を拉致しようという計画を立てていることを聞きつけて、浪士が会合している池田屋に乗り込んだんだ。この事件で浪士側は5人が討ち死に、負傷してのちに死んだ者が4人、捕縛されて処刑された者が10人、逃げ延びたのは数人とされる。これにより、尊王攘夷派の浪士は壊滅的な打撃を受けたんだ。1864年6月のことだよ。

静 ずいぶんと血なまぐさい事件ね。

MQ その後も新選組の浪士取り締まりは峻烈をきわめ、攘夷派から憎まれることになる。また、新選組の内部での暗殺、粛清、抗争などもあって、浪士からだけではなく一般市民からも恐れられたんだ。

勇 明治維新ではどうなったの？

MQ 1868年正月の鳥羽・伏見の戦いで敗れ、多くの新選組隊士は江戸に引き上げた。その後、甲府や宇都宮、会津など各地を転戦したけど、局長の近藤勇が新政府軍に捕まって処刑されてしまう。副長だった土方歳三は残った隊士や新たに募集した隊士と、旧幕府軍が立て込もっていた箱館（現・北海道函館市）に向かった。そして1869年5月、箱館で新政府軍と戦って土方が討ち死にして、新選組は消滅したんだ。でも、新選組に対する人気は根強く、多くの小説、映画、テレビに取り上げられ、とくに土方歳三はいまでもファンが多いね。

ミステリーハンターQ（略してMQ）

米テキサス州出身。某有名エジプト学者の弟子。1980年代より気鋭の考古学者として注目されつつあるが本名はだれも知らない。日本の歴史について探る画期的な著書『歴史を堀る』の発刊準備を進めている。

山本 勇

中学3年生。幼稚園のころにテレビの大河ドラマを見て、歴史にはまる。将来は大河ドラマに出たいと思っている。あこがれは織田信長。最近のマイブームは仏像鑑賞。好きな芸能人はみうらじゅん。

春日 静

中学1年生。カバンのなかにはつねに、読みかけの歴史小説が入っている根っからの歴女。あこがれは坂本龍馬。特技は年号の暗記のための語呂合わせを作ること。好きな芸能人は福山雅治。

身の回りにある、
知っていると
役に立つかもしれない
知識をお届け!!

サクセス印のなるほどコラム

山手線の起点とZ世代

山手線のスタートってどこか知ってる？

また突然だね。山手線って、ぐるぐる回っていて、１周すると乗った駅に戻る電車だよね。

そう、環状運転をする路線だね。どの駅がスタートになるのか気になったんだけど、どこだと思う？

そんなの調べればわかるからさ、インターネットで調べれば？

キミ、冷たいなあ。それにしても、Ｚ世代（注１）って、みんなすぐにネットで検索するよね。

Ｚ世代は余計なことはしない、効率よく生活する世代だからね（笑）。

ムダなことはしない、かあ。

だってさ、山手線の起点を知ったところで先生の生活がなにか変わる？

そりゃまあ、なにも変わらないけどさ……。身の回りのことに疑問を感じたり、知りたいと思うことって大切じゃない？

そっかあ。そんなに知りたいんなら、いまネットで調べてあげるよ。

早く解決するのもＺ世代だよね。

Ｚ世代、Ｚ世代って、先生は世代をくくるのが好きだね！　じゃあ、先生は何世代なの？

Ｚ世代の２つ前のＸ世代（注２）だよ。

ボクたちぐらいがＺ世代の最後の方で、次がα世代だから、次々に変わっていくよね。そう考えると山手線って１周して戻るんだから、この世代の話と違って、起点も終点も同じじゃないのかな。

そう思うよね？　だからその始まりの駅はどこなのかなって思ったんだ。それで、もしかして知っているかなと思ってキミに聞いてみたんだ。

そういうことね。先生がそこまで気になるというなら、ボクが手伝うよ。（小さな声で）自分のスマホでもすぐに調べられるんじゃないの？

なにか言ったかい？

なにも言ってないよ〜。調べたらわかったよ！山手線の起点は品川駅で終点は田端駅。

え？　環状運転をしているのに、起点と終点が違う駅なの？

環状運転を行っている山手線は、じつは３つの路線が合わさっているみたいだよ。正式な路線としての山手線は、品川駅から渋谷駅や新宿駅を経由して田端駅まで行く路線のことらしい。

そうなんだ！

運行上の山手線を構成するほかの２つの路線は、東北本線と東海道本線。山手線の田端駅から東京駅までは東北本線との共有部分、山手線の東京駅から品川駅までは東海道本線との共有部分になるらしいよ。

なるほど、そういうことか！　それで起点は品川駅で終点が田端駅なんだね。

これで納得した？

ありがとう。ちなみに大阪環状線という、大阪の山手線みたいなグルグル回る路線があるんだけど、この起点と終点も違うのかな？

そういうときはどうするの？

はい！　調べま〜す。

と言っている間にボクがもう調べました！　大阪環状線の起点と終点は両方とも大阪駅だって。つまり起点と終点が同じってやつだね。

それにしても早い回答だね（苦笑）。

Ｚ世代は検索慣れしてますから。

本当に、我々の学生時代とはまったく違う世界になったなあ……。

注１：1990年代後半から2010年代初頭に生まれた人々。生まれたときからITの発達した環境にいるため「デジタルネイティブ」とも呼ばれる
注２：1960年代中ごろから1980年代前半に生まれた人々

中学生でもわかる

高校数学のススメ

高校数学では、早く答えを出すことよりもきちんと答えを出すこと、
つまり答えそのものだけでなく、答えを導くまでの過程も重視します。
なぜなら、それが記号論理学である数学の本質だからです。
さあ、高校数学の世界をひと足先に体験してみましょう！

written by
湯浅 弘一
ゆあさ・ひろかず／湘南工科大学特任教授・
湘南工科大学附属高等学校教育顧問

Lecture! 離散数学

例題　どのような負でない２つの整数x, yを用いても$N=5x+7y$とは表すことのできない正の整数Nをすべて求めなさい。

高校数学には、整数、確率、数列など、１個、２個と実際に数えるようなシーンを持つ“離散数学”があります。問題文の整数x, yを用いて自然数$N=5x+7y$を作るとは、例えば、$(x, y)=(2, 3)$とすれば、$N=5x+7y=10+21=31$を表すことができます。
$(x, y)=(1, 0)$とすれば、$N=5x+7y=5+0=5$を表すことができ、
$(x, y)=(0, 1)$とすれば、$N=5x+7y=0+7=7$を表すことができます。
“負でない整数”とは、正の整数と０ですから“０以上の整数”という意味です。
まずは、表すことのできる整数から考えてみます。
$x=0$とすると（試してみると）$N=7y$は７の倍数です。つまり、７の倍数$N=7$, 14, 21, 28, 35……（あ）はすべて表すことができます。
次に$x=1$とすると$N=7y+5$は７で割って５余る整数です。この$N=7y+5$の$y=0, 1, 2, 3$……と順に代入すると$N=5, 12, 19, 26, 33$……（い）
次に$x=2$とすると$N=7y+10$は７で割って３余る整数です。この$N=7y+10$の$y=0, 1, 2, 3$……と順に代入すると$N=10, 17, 24, 31, 38$……（う）
同様に$x=3$のとき$N=7y+15$は７で割って１余る整数で$N=15, 22, 29$……（え）
$x=4$のとき$N=7y+20$は７で割って６余る整数で$N=20, 27, 34$……（お）
$x=5$のとき$N=7y+25$は７で割って４余る整数で$N=25, 32, 39$……（か）
$x=6$のとき$N=7y+30$は７で割って２余る整数で$N=30, 37, 44$……（き）
$x=7$のとき$N=7y+35$は７で割り切れるので７の倍数……これは（あ）と同じ意味です。（あ）～（き）をまとめるとNは24からはすべての整数を表すことができることがわかりました。したがって、23以下の整数を考えて、$N=5x+7y$とは表すことのできない正の整数は
$N=1, 2, 3, 4, 6, 8, 9, 11, 13, 16, 18, 23$　の12個です。
（注意）$y=0$から始めて試行する方が場合分けが減ります。

今回学習してほしいこと

整数、確率、数列などの“離散数学”の最初の一歩は具体化から。
そこから性質を見つけて予測し、証明していくのが得策です！

練習問題

上級

消費税込み700円のケーキと300円のゼリーを合わせて、ちょうど1100円にすることができるか。できないならばできないことを示し、できるならばその個数を述べよ。ただし、ケーキとゼリーは最低1個以上を買うとする。

中級

どのような負でない2つの整数x, yを用いても$N=3x+5y$とは表すことのできない正の整数Nをすべて求めなさい。

初級

どのような負でない2つの整数x, yを用いても$N=2x+2y$とは表すことのできない正の整数Nをすべて求めなさい。

 解答・解説は次のページへ！

解答・解説

上級

ケーキをx個、ゼリーをy個買うとすると、
合計金額について$700x+300y=1100$
つまり、$7x+3y=11$を満たす(x, y)が存在するかどうかを調べればいいのです。

そこで$N=7x+3y$とおくと、
$x=0$とすると$N=3y$は３の倍数。
このxに$y=1, 2, 3, 4$……と順に代入すると
$N=3, 6, 9, 12, 15, 18, 21$……(あ)はすべて表すことができます。

次に$x=1$とすると$N=3y+7$は３で割って１余る整数。
このxに$y=0, 1, 2, 3$……と順に代入して
$N=7, 10, 13, 16, 19$……(い)はすべて表すことができます。

さらに$x=2$とすると$N=3y+14$は３で割って２余る整数。
同様にして$N=14, 17, 20, 23, 26$……(う)。

(あ)～(う)よりNは12以上の整数を表すことができるので、
$N=7x+3y$とは表すことのできない正の整数$N=1, 2, 4, 5, 8, 11$
よって、$N=7x+3y=11$を表すことができないので、700円のケーキと300円のゼリーを合わせて、ちょうど1100円にすることは**できない**と示せます。

答え	できない(証明は解説文参照)

中級

$y=0$とすると$N=3x$は３の倍数。
このxに$x=1, 2, 3$……と順に代入して
$N=3, 6, 9, 12, 15, 18, 21$……(あ)はすべて表すことができます。

次に$y=1$とすると$N=3x+5$は３で割って２余る整数。
このxに$x=0, 1, 2, 3$……と順に代入して
$N=5, 8, 11, 14, 17, 20, 23$……(い)はすべて表すことができます。

さらに$y=2$とすると$N=3x+10$は３で割って１余る整数。
同様にして$N=10, 13, 16, 19, 22, 25$……(う)。

(あ)～(う)よりNは８以上を表すことができるので、
$N=3x+5y$とは表すことのできない正の整数**$N=1, 2, 4, 7$**

答え	$N=1, 2, 4, 7$

初級

$N=2x+2y=2(x+y)=2\times$(整数)はすべて偶数。
つまり、Nは奇数を表すことができません。
したがって、$N=2x+2y$とは表すことのできない正の整数Nは
１以上のすべての奇数です。

答え	１以上のすべての奇数

Success Book Review

「自分の考えは絶対に正しい」っていう人 いま多くない？　それって本当に正しい？

今月の1冊

『〝正しい〟を疑え！』

著／真山仁
刊行／岩波書店
価格／946円（税込）

ようやく収まってきたかにみえるコロナ禍だけれど、第1波が日本を襲ったころは大変だった。街全体が自粛ムードに包まれ、大半の飲食店は休業した。営業を続けていたお店もあったが、それが飲食店でなくても「やめろ」「ふざけるな」などの張り紙を貼られて、いやがらせを受けた。

自粛警察と呼ばれる「自分たちは正しい」とする一団が、怒鳴り込んだりもした。

このような自分の「正しい」を他人に押しつける傾向はコロナ禍ゆえに起こったものではなく、それ以前から表面化してきたと、この本の著者、真山仁（まやまじん）さんは言う。

真山さんは経済小説『ハゲタカ』などで知られる小説家だが、この傾向が心配になり、中高生ら若い人たちに向けて、この本を書いた。

著者は、この傾向をSNSの普及があと押ししているとする。それはどういうことか。

現代ほど将来が見通せない時代はない。だから著しい不安社会になり、それが募るとき、人はSNSに頼るようになる。そこには「不安なのは自分だけじゃない」と思える書き込みもあり、つい「いいね！」で、自分は仲間の一員だとアピール。そうすることで承認欲求も満たされる。

このように自分の正しさをSNSに頼って判断するのは、非常に危険だと気づくべきだという。SNSは書き込む人が信じている「正しさ」を他人に押しつける傾向が、とくに強いからだ。

だからこそ〝正しい〟を疑え、という。違和感に敏感になり、なにごとも決めつけることをせず、時間をかけて「本当にそうなのか」と疑う力を身につけよう、と呼びかける。

まずは人を疑うのではなく「言葉を疑え」とも。

著者はその処方箋も提示している。それは小説を読むこと。小説を読むことで想像力が鍛えられる。小説で人は騙されやすいものだと気づくことができ、〝正しい〟を疑う力を身につけられるという。

この本を読んだ君たちが、明日からはちょっと引いた目でSNSに接してくれるなら、真山さんの心配は少し薄らぐに違いない。

埼玉私学フェア2023

事前予約制

個別相談で自分の最適受験校を探す

※日程および内容は変更されることがあります。詳しくは埼玉県私立中学高等学校協会HPでご確認ください。

7月29日㊏
30日㊐

会場：キングアンバサダーホテル熊谷　3階
プリンス・プリンセス

川越展
2日間
開催

8月19日㊏
20日㊐

会場：ウェスタ川越　1階　多目的ホール

当協会HP
QRコード

8月26日㊏
27日㊐

会場：大宮ソニックシティ　第1～5展示場

埼玉県内私立高校　※は中学校を併設

（参加校は会場によって異なります。ホームページでご確認ください）

青山学院大学系属	春日部共栄※	淑徳与野※	東野
浦和ルーテル学院※	川越東	城西大学付属川越※	武南※
秋草学園	慶應義塾志木	正智深谷	星野※
浦和明の星女子※	国際学院※	昌平※	細田学園※
浦和学院	埼玉栄※	城北埼玉※	本庄第一※
浦和実業学園※	埼玉平成※	西武学園文理※	本庄東※
浦和麗明	栄北	西武台※	武蔵越生
叡明	栄東※	聖望学園※	武蔵野音楽大学附属
大川学園	狭山ヶ丘※	東京成徳大学深谷※	武蔵野星城
大妻嵐山※	志学会	東京農業大学第三※	山村学園
大宮開成※	自由の森学園※	東邦音楽大学附属東邦第二	山村国際
開智※	秀明※	獨協埼玉※	立教新座※
開智未来※	秀明英光	花咲徳栄	早稲田大学本庄高等学院

今月号の問題

箱の中身は？

４つの箱Ａ～Ｄには、パイナップル、バナナ、メロン、モモの４種類のフルーツのどれかが入っています。また、箱の外側には、下の図のように、その４種類のフルーツのイラストのどれかが描かれていますが、箱に描かれたイラストと箱の中身とはどれも一致していません。さらに、以下の①～④のことがわかっているとき、箱Ａのなかに入っているフルーツはなんでしょうか？

① 箱Ａのなかに入っているのは、箱Ｂに描かれているフルーツである。
② 箱Ｃのなかに入っているのは、箱Ｃ以外のバナナが入っている箱に描かれているフルーツである。
③ 箱Ｄのなかに入っているのは、箱Ｄ以外のモモが入っている箱に描かれているフルーツである。
④ 箱Ｄには、パイナップルもバナナも入っていない。

応募方法

下のQRコードまたは104ページからご応募ください。
◎正解者のなかから抽選で右の「**Piri-it !**」をプレゼントいたします。
◎当選者の発表は本誌2023年10月号誌上の予定です。
◎応募締切日 2023年６月15日

今月のプレゼント！

ちぎると意味が変わる!?　ユニークな付箋

５名さまに

教科書やノートの注目したい箇所に貼ると便利な付箋。そんな付箋に一工夫を加えたユニークなものが「Piri-it !」（サンスター文具）です。「？」や「LOOK!」と書かれており、どうしてそこに貼ったのかが一目瞭然。さらには上部を切り取ると「?」は「！」に、「LOOK!」は「OK!」と、記号やワードが変わる優れもの。今回は５名さまにプレゼントします。どれが届くかは、到着してからのお楽しみ！

2月号の答えと解説

解答 有言実行

2月号の問題

空いているマスに漢字を入れて三字・四字熟語を完成させてください。ただし、同じ番号のマスには同じ漢字が入ります。最後に▭に入る四字熟語を答えてください。

【チェック表】

1	2	3	4	5	6	7

8	9	10	11	12	13

[9]	[2]	[12]	[7]	[5]	[10]	継	後	[5]	[1]	[13]
[6]	産	[6]	消	[8]	記	[4]	[2]	[7]	[3]	致
[10]	肉	[10]	背	私	[9]	[6]	[9]	[4]	[8]	[12]
真	[12]	[3]	路	微	[5]	[11]	動	[11]	[12]	験
[1]	義	[4]	分	[12]	[11]	[1]	[10]	国	[6]	方
年	[10]	[7]	[13]	[9]	機	[11]	[13]	[12]	[8]	根
諸	[7]	[8]	常	[1]	納	[2]	[3]	[2]	[3]	句
[1]	[4]	[7]	列	[5]	返	[13]	刑	[13]	[13]	件

解説

パズルを完成させると、右のようになります。

【チェック表】

1	2	3	4	5	6	7	8	9	10	11	12	13
大	言	一	名	生	地	行	無	有	中	物	実	事

[9]有	[2]言	[12]実	[7]行	[5]生	[10]中	継	後	[5]生	[1]大	[13]事
[6]地	産	[6]地	消	[8]無	記	[4]名	[2]言	[7]行	[3]一	致
[10]中	肉	[10]中	背	私	[9]有	[6]地	[9]有	[4]名	[8]無	[12]実
真	[12]実	[3]一	路	微	[5]生	[11]物	動	[11]物	[12]実	験
[1]大	義	[4]名	分	[12]実	[11]物	[1]大	[10]中	国	[6]地	方
年	[10]中	[7]行	[13]事	[9]有	機	[11]物	[13]事	[12]実	[8]無	根
諸	[7]行	[8]無	常	[1]大	納	[2]言	[3]一	[2]言	[3]一	句
[1]大	[4]名	[7]行	列	[5]生	返	[13]事	刑	[13]事	[13]事	件

■語句の解説

有言実行＝自分の発言に対して、責任を持って行動すること

後生大事＝なにかをとても大切にすること（元は仏教語で、来世の安楽を願って信心し、善行を積むこと）

地産地消＝その地域で生産したもの（おもに農産物や海産物）を、その地域で消費すること

有名無実＝名ばかりで、実質が伴っていないこと。評判と実際が違うこと

真実一路＝一筋に真実を求めて生きていくこと

大義名分＝なにか行動を起こすときの理由づけとなる根拠

諸行無常＝万物は流転するものであり、永久不変なものは世の中に1つもないということ

大納言＝律令制において、左右大臣に次ぐ太政官の次官にあたった役職

2月号パズル当選者（全応募者69名）

植木 琴美さん（中1・千葉県） 金子 羚那さん（中2・東京都） 堂前 真也さん（中1・東京都） 濱端 展史さん（中1・東京都）
遠藤 由葉さん（中3・千葉県） 川嶋 達希さん（小5・埼玉県） 西田 京香さん（中1・東京都） 山本 大地さん（中3・埼玉県）
岡田 桃太郎さん（中3・東京都） 谷口 和洋さん（中2・神奈川県）

夢が広がる高校選びの情報満載！

Success15

バックナンバー好評発売中！

2023年 4月号
高校に進んだら
文系、理系 あなたはどうする？
多くの不思議がそこに！
地図を旅しよう
Special School Selection
東京都立戸山高等学校
高校WATCHING
淑徳与野高等学校
神奈川県立湘南高等学校

2023年 2月号
入試直前アドバイス
さあ来い！入試 ポジティブ大作戦
Special School Selection
早稲田大学高等学院
研究室にズームイン
鳥取大学乾燥地研究センター
山中典和教授
高校WATCHING
中央大学高等学校
埼玉県立浦和第一女子高等学校

2022年 12月号
東京都中学校
英語スピーキングテスト
Special School Selection
渋谷教育学園幕張高等学校
研究室にズームイン
東京大学先端科学技術研究センター
西成活裕教授
公立高校WATCHING
東京都立青山高等学校

2022年 10月号
模擬試験を活用して
合格への道を切りひらく
これからも進化し続ける
交通系ICカード
Special School Selection
東京学芸大学附属高等学校
公立高校WATCHING
東京都立八王子東高等学校

2022年 8月号
学校を知る第1歩
学校説明会に行こう！
Special School Selection
お茶の水女子大学附属高等学校
研究室にズームイン
東京海洋大学 茂木正人教授
私立高校WATCHING
成蹊高等学校

2022年 6月号
自分に合った高校を選ぶには
陶磁器の世界にご招待！
Special School Selection
東京都立国立高等学校
高校WATCHING
青山学院高等部
神奈川県立厚木高等学校

2022年 4月号
高校受験生のこの1年
私たちの生活を支える「物流」
Special School Selection
筑波大学附属駒場高等学校
高校WATCHING
昭和学院秀英高等学校
埼玉県立川越女子高等学校

2022年 2月号
本番で実力を発揮できる
強さを作ろう
「時計」の世界
Special School Selection
開成高等学校
私立高校WATCHING
中央大学附属高等学校

2021年 12月号
スピーキング重視時代
「withコロナ入試」再び
身近になったVR
Special School Selection
東京都立西高等学校
私立高校WATCHING
明治大学付属中野高等学校

2022年 夏・増刊号
中学生だからこそ知ってほしい
2025年から変わる大学入試
色の変化に注目
なぜなに科学実験室
神奈川・埼玉の公立トップ校
高い大学合格実績をあげる
その教育に迫る
神奈川県立横浜翠嵐高等学校
埼玉県立浦和高等学校

2022年 秋・増刊号
「変わる大学」に備えよう！
いよいよ見えた！大学新時代
盛りだくさんの独自プログラムで
将来につながる力が身につく
私立4校の魅力とは!?
市川高等学校
栄東高等学校
城北高等学校
桐朋高等学校

これより以前のバックナンバーはホームページでご覧いただけます（https://www.g-ap.com/）

バックナンバーはAmazonもしくは富士山マガジンサービスにてお求めください。

6月号

表紙：早稲田大学本庄高等学院

FROM EDITORS 編集室から

「公立高校WATCHING」のコーナーでは、東京都立小山台高等学校の井上校長先生にお話を伺いました。私自身、心に残ったのが「仕事は社会貢献」という言葉。「自分のため」ではなく「人のため」に頑張るからこそ、人間は自分の力を存分に発揮できるのではないでしょうか。校長先生の言葉に思わず背筋がピンと伸びました。

みなさんのなかには、具体的な将来の目標を持ち、それに向かって邁進している方もいれば、目標が見つからずなんとなく日々の勉強をしている方もおられるかと思います。この新学期のタイミングに、「自分は社会に対してなにができるのか」という観点から、理想の将来像を改めて考えてみるのもいいかもしれませんね。 (K)

Next Issue 8月号

Special

学校に行こう！ 学校説明会 アクティブ攻略法

研究室にズームイン

Special School Selection

私立高校WATCHING

突撃スクールレポート

ワクワクドキドキ 熱中部活動

※特集内容および掲載校は変更されることがあります。

Information

『サクセス15』は全国の書店にてお買い求めいただけますが、万が一、書店店頭に見当たらない場合は、書店にてご注文いただくか、弊社販売部、もしくはホームページ（104ページ下記参照）よりご注文ください。送料弊社負担にてお送りします。定期購読をご希望いただく場合も、上記と同様の方法でご連絡ください。

Opinion, Impression & ETC

本誌をお読みになられてのご感想・ご意見・ご提言などがありましたら、104ページ下記のあて先より、ぜひ当編集室までお声をお寄せください。また、「こんな記事が読みたい」というご要望や、「こういうときはどうしたらいいの」といったご質問などもお待ちしております。今後の参考にさせていただきますので、よろしくお願いいたします。

サクセス編集室 お問い合わせ先
TEL：03-5939-7928　FAX：03-3253-5945

今後の発行予定

発行日	号	発行日	号
7月18日	8月号	10月16日	秋・増刊号
8月16日	夏・増刊号	11月17日	12月号
9月19日	10月号	2024年1月15日	2024年2月号

FAX送信用紙

※封書での郵送時にもコピーしてご使用ください。

100ページ「箱の中身は？」の答え

氏名

学年

住所（〒　　　－　　　　）

電話番号

（　　　　　　）

現在、塾に

通っている　・　通っていない

通っている場合

塾名

（校舎名　　　　　　　）

面白かった記事には○を、つまらなかった記事には×をそれぞれ３つずつ（　）内にご記入ください。

（　）04 Special School Selection 早稲田大学本庄高等学院
（　）10 宮大工の技術が光る 日本の伝統「社寺建築」とは？
（　）18 私立高校WATCHING 法政大学高等学校
（　）22 公立高校WATCHING 東京都立小山台高等学校
（　）26 ワクワクドキドキ 熱中部活動 開智高等学校 ハンドボール部
（　）30 突撃スクールレポート 八王子学園八王子高等学校
（　）32 高校受験まであと270日 そのときどきに「やるべきこと」はなにか？
（　）38 受験生のための 明日へのトビラ
（　）40 スクペディア サレジアン国際学園高等学校
（　）41 スクペディア 神田女学園高等学校
（　）43 2023年度首都圏公立高校 入試結果
（　）52 知って得する お役立ちアドバイス！
（　）54 レッツトライ！ 入試問題
（　）56 帰国生が活躍する学校 鎌倉学園高等学校
（　）58 中学生の未来のために！ 大学入試ここがポイント
（　）60 東大入試突破への現代文の習慣
（　）66 東大生リトの とリトめのない話
（　）68 キャンパスデイズ十人十色
（　）73 耳よりツブより情報とどきたて
（　）74 マナビー先生の最先端科学ナビ
（　）81 for中学生 らくらくプログラミング
（　）82 なぜなに科学実験室
（　）86 中学生のための経済学
（　）88 淡路雅夫の中学生の味方になる子育て 楽しむ 伸びる 育つ
（　）89 ピックアップニュース！
（　）90 思わずだれかに話したくなる 名字の豆知識
（　）92 ミステリーハンターQの タイムスリップ歴史塾
（　）93 サクセス印のなるほどコラム
（　）94 中学生でもわかる 高校数学のススメ
（　）98 Success Book Review
（　）100 解いてすっきり パズルでひといき

FAX.03-3253-5945

FAX番号をお間違えのないようお確かめください

サクセス15の感想

高校受験ガイドブック2023 6　Success15

発　行：2023年５月17日 初版第一刷発行
発行所：株式会社グローバル教育出版　〒101-0047 東京都千代田区内神田2-4-2 一広グローバルビル3F
ＴＥＬ：03-3253-5944
ＦＡＸ：03-3253-5945
Ｈ　Ｐ：https://success.waseda-ac.net/
e-mail：success15@g-ap.com

郵便振替口座番号：00130-3-779535
編　　集：サクセス編集室
編集協力：株式会社 早稲田アカデミー

【個人情報利用目的】ご記入いただいた個人情報は、プレゼントの発送およびアンケート調査の結果集計に利用させていただきます。